O Espírito Santo

10 sermões sobre o Consolador

O Espírito Santo
10 sermões sobre o Consolador

A.W. TOZER

Título original: *Ten Messages on the Holy Spirit* (extraído da obra *Tozer Speaks, Volume One*).

© 1994 por Christian Publications, Inc.

© 2010 por WingSpread Publishers, um selo da Moody Publishers (Chicago, Illinois EUA).

1ª edição: julho de 2023

TRADUÇÃO
Ruben Dargã Holdorf

REVISÃO
Elizeu Lira (copidesque)
Luiz Werneck Maia (provas)

DIAGRAMAÇÃO
Letras Reformadas

CAPA
Douglas Lucas

EDITOR
Aldo Menezes

COORDENADOR DE PRODUÇÃO
Mauro Terrengui

IMPRESSÃO E ACABAMENTO
Imprensa da Fé

As opiniões, as interpretações e os conceitos emitidos nesta obra são de responsabilidade do autor e não refletem necessariamente o ponto de vista da Hagnos.

Todos os direitos desta edição reservados à
EDITORA HAGNOS LTDA.
Rua Geraldo Flausino Gomes, 42, conj. 41
CEP 04575-060 — São Paulo, SP
Tel.: (11) 5990-3308

E-mail: hagnos@hagnos.com.br
Home page: www.hagnos.com.br

Editora associada à:

Dados Internacionais de Catalogação na Publicação (CIP)
Angélica Ilacqua CRB-8/7057

Tozer, A. W. (Aiden Wilson), 1897-1963

O Espírito Santo: 10 sermões sobre o Consolador / A. W. Tozer; tradução de Ruben Dargã Holdorf. — São Paºulo: Hagnos, 2023.

ISBN 978-85-7742-427-6

1. Espírito Santo
2. Crítica e interpretação
I. Título
II. Holdorf, Ruben Dargã

23-3357 CDD 222.4306

Índices para catálogo sistemático:
1. Bíblia. A.T. Samuel, 1 - Crítica e interpretação

Sumário

Prefácio 7

1. Não implore a Deus pelo Espírito Santo: *glorifique a Jesus Cristo* 9

2. Como Cristo é revelado pelo Espírito Santo: *não por meio do intelecto* 31

3. A presença e o ministério do Espírito Santo: *tudo o que Jesus seria* 53

4. O Consolador prometido, o Espírito Santo: *a permanência do Pentecostes* 73

5. O preenchimento prometido do Espírito Santo: *instantaneamente, não gradualmente* 93

6. A vida da igreja no Espírito Santo: *frutífera, feliz e abençoada* 115

7. A finalidade do dom bíblico do Espírito Santo: *a capacidade de fazer* 135

8. A santa comunhão do Espírito Santo: *deve ser cultivada* 157

6 | O ESPÍRITO SANTO: 10 SERMÕES SOBRE O CONSOLADOR

9. A conversão no Novo Testamento
e o Espírito Santo:
a diferença nos discípulos 177

10. A pomba de Gênesis retrata o Espírito Santo:
rejeitada pela corrupção 199

Prefácio

ESTE VOLUME CHEGA A VOCÊ como outro esforço da The Christian and Missionary Alliance [Aliança Cristã Missionária] para compartilhar o dinâmico ministério de pregação do falecido Dr. A. W. Tozer com um segmento maior do Corpo de Cristo.

Este livro é, na verdade, o primeiro volume publicado no qual você encontrará os sermões do Dr. Tozer impressos no mesmo estilo e no mesmo tamanho que os apresentados no púlpito da Igreja da Aliança, no sul de Chicago.

Como um dos associados ministeriais do Dr. Tozer e como um de seus amigos ao longo de sua carreira honrada por Deus, gostaria de fazer duas observações aqui para aqueles que lerão este livro:

- Em primeiro lugar, lembre-se de que este é um volume de sermões reunidos — não é um livro-texto sobre todos os aspectos da pessoa e da obra do Espírito Santo. Tampouco pretende sondar todas as profundezas da doutrina relacionada ao Espírito Santo.
- Em segundo lugar, lembre-se de que o apelo que o Dr. Tozer lhe faz durante a leitura é devocional e inspiracional. Se ele estivesse aqui, ficaria muito mais satisfeito com o comentário honesto: "Isso me ajudou espiritualmente!", do que com uma resposta acadêmica do tipo: "Só o Dr. Tozer poderia dizer isso dessa maneira!".

É minha opinião que este volume será útil e edificante para todos os cristãos que têm fome de Deus e que se dispõem a aceitar a posição do Dr. Tozer de que, se exaltarmos e glorificarmos Jesus Cristo em todas as coisas, as bênçãos da presença e da pessoa do Espírito Santo se seguirão.

DR. NATHAN BAILEY
Presidente da Aliança Cristã Missionária e da
Comissão Diretiva da Christian Publications, Inc.

1

Não implore a Deus pelo Espírito Santo: *Glorifique a Jesus Cristo*

Ao cumprir-se o dia de Pentecostes, estavam todos reunidos no mesmo lugar; de repente, veio do céu um som, como de um vento forte e impetuoso, e encheu toda a casa onde eles estavam assentados. E apareceram, distribuídas entre eles, línguas, como de fogo, e pousou sobre cada um deles. Todos ficaram cheios do Espírito Santo e passaram a falar em outras línguas, segundo o Espírito lhes concedia que falassem. Ora, estavam habitando em Jerusalém judeus, homens piedosos, vindos de todas as nações debaixo do céu. Quando, pois, se fez ouvir aquela voz, afluiu a multidão, que se possuiu de perplexidade, porquanto cada um os ouvia falar na sua própria língua.

ATOS 2:1-6

ESBOÇO

INTRODUÇÃO

Um resumo de Atos 2, com ênfase no fato de que a vinda do Espírito Santo em Pentecostes teve uma relação direta com a exaltação de Cristo. O testemunho de Pedro sobre a pessoa de Cristo é, portanto, usado como ilustração e apelo à igreja cristã.

1. *A igreja cristã deve ser mais do que uma instituição celestial sendo operada de maneira terrena.*
   a. Suas crenças e práticas devem ter base no do Novo Testamento.
   b. Ela deve ter o poder outorgado pelo Espírito Santo.
   c. Deve colocar a lealdade a Cristo em primeiro lugar e a qualquer custo.

2. As características de uma congregação cheia do Espírito.

   a. Um povo alegre.

   b. Eficiente e prestativo para os seres humanos.

   c. Influente entre as igrejas, também.

3. *O tipo de pessoa que não se sentirá em casa em uma igreja cheia do Espírito.*

   a. Aqueles que assumem a religião como um traje dominical.

   b. Aqueles que se recusam a deixar a religião colocar em risco seus próprios planos.

   c. Aqueles que esperam que a religião seja divertida.

   d. Aqueles que abraçam uma igreja apenas por valores culturais.

4. *Os tipos de pessoas que serão felizes no grupo cheio do Espírito.*

   a. Aqueles que têm uma ambição principal de se livrar dos pecados.

   b. Aqueles que querem conhecer a Deus e andar com Ele.

   c. Aqueles que aprenderam a reconhecer a voz do Pastor.

   d. Aqueles que são sensíveis à Presença Invisível.

AO ENTRARMOS NESSA IMPORTANTE PASSAGEM das Escrituras, o segundo capítulo de Atos, quero que consideremos algo que é frequentemente negligenciado — a ideia de que onde quer que Jesus seja glorificado, o Espírito Santo virá.

Ao contrário do que a maioria das pessoas supõe involuntariamente, o importante aqui não era a vinda do Espírito — o importante era que Jesus havia sido exaltado.

Vamos resumir este capítulo de Atos. Pedro e todos os discípulos estavam reunidos quando chegou o dia de Pentecostes, e estavam todos de comum acordo em um só lugar. De repente, enquanto estavam reunidos, veio do céu um som, como de um vento impetuoso. Não era um vento impetuoso, mas tinha esse som. Encheu toda a casa onde eles se encontravam. Pequenas labaredas pousaram sobre cada testa, e todos foram cheios do Espírito Santo e começaram a falar em línguas. Dezessete nações estavam lá e os escutaram falar em seus próprios idiomas. Todos se admiraram. Os céticos duvidaram e os questionadores disseram: "Que quer isto dizer?".

Também estavam presentes os zombadores, e diziam: "Estão embriagados".

Pedro, porém, levantando-se com os onze, ergueu a voz e disse-lhes: "Varões judeus, tomai conhecimento disto. O que ocorre aqui é o cumprimento da profecia".

O apóstolo passou a contar-lhes como Jesus de Nazaré cumpriu a profecia e, daí em diante, tudo que ele falou foi sobre Ele. Nos versículos 32 e 33, Pedro testificou que "a este Jesus Deus ressuscitou, do que todos nós somos testemunhas. Exaltado, pois, à destra de Deus, tendo recebido do Pai a promessa do Espírito Santo, derramou isto que vedes e ouvis". Então, no versículo 36: "Esteja absolutamente certa, pois toda a casa de Israel de que a este Jesus, que vós crucificastes, Deus o fez Senhor e Cristo".

Então, o importante, segundo Pedro, era o fato de Jesus ter sido exaltado.

O próprio Jesus havia dito naquele último grande dia da festa em Jerusalém, registrado em João 7: "Quem crer em mim, como diz a Escritura, do seu interior fluirão rios de água viva. Isto ele disse com respeito ao Espírito que haviam de receber os que nele cressem; pois o Espírito até aquele momento não fora dado, porque Jesus não havia sido ainda glorificado" (João 7:38-39).

É claro que a glorificação de Jesus possibilitou a vinda do o Espírito Santo, e devemos ser capazes de nos apossar desse pensamento instantaneamente. Assim, repetimos: onde Jesus é glorificado, o Espírito Santo vem. Não é preciso implorar por Ele; o Espírito Santo vem quando o Salvador é glorificado. Quando Cristo é verdadeiramente honrado, o Espírito vem.

Agora, quero que você observe particularmente Atos 2:14: "Então, se levantou Pedro, com os onze; e, erguendo a voz...".

Ele se levantou e então ergueu a voz.

Gostaria de lembrá-lo que Pedro aqui representa toda a igreja de Deus. Ele foi o primeiro homem a se levantar depois que o Espírito Santo veio à igreja. Ele acreditou na palavra do Senhor e recebeu confirmação em seu próprio coração. A diferença entre a fé encontrada no Novo Testamento e a fé encontrada agora é que a fé, no Novo Testamento, realmente produziu algo — houve uma confirmação disso.

A fé, hoje, é um começo e um fim. Temos fé na fé — mas nada acontece. Eles tinham fé em um Cristo ressurreto e algo aconteceu. Essa é a diferença.

Agora, aqui estava Pedro de pé, e ele se levantou — e é isso que a igreja deveria fazer: levantar-se e erguer a voz. Pedro tornou-se uma testemunha, na Terra, das coisas do céu, como a igreja deveria fazer. Ela deve ser uma testemunha de que há poderes que vão além do que é terreno e humano, e, porque sei disto, é para mim uma fonte de grande pesar que a igreja esteja tentando funcionar com seus poderes humanos.

Pedro testificou de algo que ia além do humano e do terreno. Algum poder que está além da cena terrena se interessava por nós e se dispunha a entrar em nossa dimensão e se fazer conhecido por nós. Esse poder não é outro senão o próprio Espírito de Deus.

Assim, Pedro, testemunhando das coisas que havia experimentado, quis influenciar, encorajar e exortar os que ainda não haviam tido a mesma experiência. Agora, uma palavra clara aqui sobre o fato de a igreja cristã tentar prosseguir em seu próprio poder. Esse tipo de cristianismo provoca náuseas em Deus, pois se tenta administrar uma instituição celestial de maneira terrena.

Quanto a mim, se não pudesse contar com o poder divino, desistiria de tudo. Sairia da igreja e pararia com tudo. A igreja que deseja o poder de Deus terá algo a oferecer além de clubes sociais, sociedades de tricô, grupos de escoteiros e todas as outras questões secundárias.

Para que uma igreja seja a igreja de Cristo, quer dizer, um membro vivo e orgânico daquele Corpo redimido do qual Cristo é a Cabeça, então seus líderes e membros devem se esforçar fervorosa e sacrificialmente, com oração constante, para fazer uma série de coisas.

Primeiro, devemos nos esforçar para fazer com que nossas crenças expressem o conteúdo do Novo Testamento.

Devemos crer e ensinar as verdades do Novo Testamento, não inserindo nada de fora. Isso significa que devemos voltar constantemente às bases.

Os homens que vieram como pioneiros para a grande região da América do Norte dominaram um deserto e o conquistaram. Saíram com seus machados, derrubando árvores, construindo casas e depois plantando milho, batata, outras hortaliças e grãos. Você sabe, quando eles plantaram, eles não foram para a cama e dormiram até a hora da colheita. Eles lutaram contra a invasão do deserto desde o dia em que plantaram seu milho e o restante de suas plantações, até que as colheram e as guardaram em segurança nos celeiros de madeira.

O deserto invade o campo frutífero e, a menos que haja uma luta constante contra essa invasão, haverá pouca ou nenhuma colheita.

Acho que é exatamente o mesmo com a igreja, pois, como disse um dos antigos santos: "Nunca pense por um minuto que haverá um tempo em que você não será tentado. Quem pensa que não está sendo tentado de forma alguma, é tentado com mais eficácia".

Justamente quando pensamos que não estamos sendo tentados, esse é o momento do perigo, e o mesmo acontece com a igreja. Apoiamo-nos nos próprios louros e dizemos: "Isso pode ser verdade para algumas igrejas, mas não é verdade para nós. Ricos somos e de nada temos falta".

Isso deve nos lembrar que precisamos lutar pelo que temos. Nosso pequeno campo, que Deus plantou, precisa ser protegido com as armas necessárias e ter muitos vigias, lá fora, para espantar os corvos e todos os tipos de criaturas, para não falar dos pequenos insetos que destroem as colheitas. Temos que ficar atrás deles. Devemos manter nosso campo saudável, e só há uma maneira de fazer isso, que é mantendo-nos fiéis à Palavra de Deus. Devemos constantemente voltar às bases e, além disso, colocar a Palavra na igreja; precisamos também nos esforçar de maneira fervorosa, sacrificial e com oração, para obter o mesmo poder que veio sobre eles.

Pedro disse: "[Ele] derramou isto, que agora vedes e ouvis". Devemos viver para nos orientar nas coisas eternas e viver a vida do céu, aqui na Terra. Precisamos colocar a lealdade a Cristo em primeiro lugar a qualquer custo. Qualquer coisa menos do que isso realmente não é uma igreja cristã. Prefiro ser um membro de um grupo que se reúne em uma pequena sala, longe de uma avenida principal, do que fazer parte de uma grande atividade que não está de acordo com o Novo Testamento em sua doutrina, em seu espírito, em sua vida, em sua santidade, em toda a sua textura e teor. Não esperamos ser populares numa igreja assim, mas certos frutos surgirão se fizermos de uma igreja aquilo que o Novo Testamento diz que uma igreja deve ser.

Agora, observemos algumas das características de uma congregação cheia do Espírito e guiada por Ele.

Primeiro, ela será composta de um povo alegre. A história dos morávios registra como o Espírito Santo veio sobre eles, em uma manhã de outubro de 1727. Eles estavam celebrando uma cerimônia de comunhão. Saíram alegres do lugar em que estavam, mal sabendo se estavam na Terra ou se haviam morrido e já ido para o céu. Essa alegria caracterizou os morávios por cem anos. Eles não eram apenas um povo feliz no sentido de se esforçar para produzir felicidade — sua alegria vinha de dentro.

Temos muitos cristãos professos, em nossos dias, que não são alegres, mas gastam tempo se esforçando para ser. Ora, irmãos, eu digo que quando damos a Deus o lugar que lhe pertence na igreja, quando reconhecemos Cristo como o Senhor exaltado e sublime, quando damos ao Espírito Santo o lugar que lhe é devido, haverá alegria pela qual não precisaremos nos esforçar para produzir. Será uma alegria que brota como uma fonte. Jesus disse que ela deveria ser uma fonte, um poço artesiano, que brotasse de dentro. Essa alegria é uma característica de uma congregação cheia do Espírito. Seus membros serão um povo alegre e será fácil distingui-los dos filhos do mundo.

Eu me pergunto o que o apóstolo Paulo diria se ele viesse agora e nos examinasse em nossas congregações. E se ele andasse de um lado para o outro nos corredores de nossas igrejas; depois fosse a um teatro e os examinasse; depois, a um jogo de hóquei; às multidões no shopping center e às ruas movimentadas? Então, quando ele voltasse e nos examinasse novamente, eu me pergunto se ele veria muita diferença. Mas, quando a igreja é espiritual, cheia do Espírito, sempre seremos capazes de distinguir os filhos de Deus dos filhos do mundo.

Além disso, consideremos que uma congregação cheia do Espírito será útil para as pessoas.

Agora, não me preocupo com o que os críticos dizem sobre os pregadores serem parasitas e as igrejas não produzirem nada. Eu acredito que a igreja cristã deve ser útil para toda a comunidade. Podemos ajudar a vizinhança onde moramos, e a vizinhança ficará melhor porque estamos ali como cristãos que dão testemunho. Não precisamos pedir desculpas. Na verdade, eles têm uma grande dívida conosco, pois nossa condição de pessoas transformadas mantém o índice de criminalidade baixo, e onde tivermos mais igrejas cheias de Deus e cheias do Espírito, teremos menos policiais nas ruas. Onde há mais piedade, há menos crime.

Uma congregação cheia do Espírito é útil na vizinhança — útil para os filhos dos homens, mesmo para aqueles que não são convertidos.

Em outro sentido, devemos ser influentes também entre as igrejas.

Eu gostaria de ver uma igreja se tornar tão piedosa, tão cheia do Espírito a ponto de ter uma influência espiritual sobre todas as igrejas daquela área. Paulo disse a alguns de seu povo: "De sorte que vos tornastes o modelo para todos os crentes", e "por toda parte se divulgou a vossa fé para com Deus" (1Tessalonicenses 1:7-8).

Não duvide de que é isso o que eu espero de você. Meu anseio é que nos tornássemos tão cheios do Espírito, andando com Deus, aprendendo a adorar, vivendo tão limpos e tão separados que todos saberiam disso, e as outras igrejas vizinhas seriam abençoadas por causa disso.

É de conhecimento comum que, quando Lutero realizou a Reforma, a Igreja Católica foi forçada a se purificar — a pressão moral do luteranismo trouxe mudanças na Igreja Romana. Quando Wesley veio e pregou por toda a Inglaterra, a Igreja Anglicana foi forçada a limpar algumas das coisas que estavam erradas. O metodismo era uma força espiritual que compelia os outros a fazer algo a respeito de sua própria condição.

Não há razão pela qual não possamos ser um povo tão cheio do Espírito, que cante louvores com tanta alegria e viva tão limpos em nossos negócios, em casa e na escola, que as pessoas e as outras igrejas não saibam disso e não reconheçam isso.

O melhor disso tudo é que quando temos um povo cheio do Espírito que pode viver bem, ele também pode morrer bem. Os cristãos começaram a olhar para os mártires, na época do Império Romano, e disseram uns aos outros: "Esses cristãos morrem bem!" Lembre-se que o velho Balaão queria morrer a morte dos justos, mas não vivia a vida deles. Nós, cristãos, devemos ser capazes de morrer bem — devemos ser capazes de fazer isso, pelo menos.

É claro, no entanto, que existem algumas pessoas que nunca se sentirão em casa em uma congregação cheia do Espírito. Nem todos os homens têm fé e há alguns que não querem esse tipo de igreja. Vou citar alguns deles agora.

As pessoas que assumem a religião como um traje domingueiro bem passado não gostarão desse tipo de igreja alegre.

Quando temos um reavivamento a bênção divina vem sobre nós e recebemos de Deus a ajuda de que precisamos, aqueles que fazem da religião apenas uma roupa dominical não gostarão muito — na verdade, eles ficarão perturbados. Do ponto de vista bíblico, insisti-remos para que vivam bem na segunda-feira de manhã, porém eles não querem fazer isso. Querem manter sua religião desvinculada da vida prática. A religião deles é uma coisa e a vida deles é outra. No domingo, eles lus-tram sua religião, mas por volta das 11 horas da noite, colocam-na na prateleira. Na segunda-feira eles saem e vivem do jeito que querem. Eu me recuso a me render a esse tipo de coisa e a esse tipo de gente. Devemos ser uma igreja do Deus vivo, e não uma reunião de influentes e figurões. Os figurões podem vir se ficarem de joelhos — um figurão de joelhos não é mais alto do que ninguém, você sabe.

As pessoas que se recusam a deixar que a religião as coloque, de alguma forma, em perigo não gostarão desse tipo de igreja e congregação.

São aquelas que se recusam a deixar que a igreja, religião ou fé interfiram em seus prazeres ou em seus planos. Elas sabem sobre a salvação e se dispõem a servir a Jesus. Elas estão a caminho do céu e querem percorrê-lo inteiramente, mas querem se divertir ao longo do caminho e planejam sua vida assim como um jardineiro planeja um jardim.

Traçamos os planos para nossa própria vida, e dizemos: "Agora, Senhor, é bom servi-lo e nós o amamos, Senhor, e cantaremos um hino", mas não mudaremos nossos planos de forma alguma. Manteremos nossos próprios projetos.

Deixe-me, porém, lembrá-lo: a cruz de Jesus Cristo sempre muda os planos dos homens. A cruz de Cristo é revolucionária e, se não estivermos dispostos a deixar que ela seja revolucionária em nós, nem nos custe nada ou nem nos controle de alguma forma, não vamos gostar de uma igreja que leva as coisas de Deus a sério.

As pessoas querem os benefícios da cruz, mas não querem se curvar ao controle dela. Elas querem receber tudo o que a cruz pode oferecer, mas não querem estar sob o senhorio de Jesus.

As pessoas que esperam que a religião seja divertida não vão gostar desse tipo de congregação cheia do Espírito.

Acredito que acabamos de passar por um longo período no qual o cristianismo era a coisa "mais divertida" do país. Disseram-nos repetidas vezes que poderíamos nos divertir mais servindo a Jesus do que fazendo qualquer outra coisa no mundo. Além do mais, estaríamos limpos, e não ficaríamos de ressaca!

Temos sido ensinados em alguns bons círculos evangélicos: "Você serve a Jesus e pode se divertir o quanto quiser, sem ficar de ressaca".

Isso era cristianismo por amor à diversão, cristianismo como um meio de entretenimento. Essa coisa toda é ofensiva e suja diante do Deus todo-poderoso. Meu irmão, a cruz de Cristo não é divertida e nunca o foi.

Existe a alegria do Senhor que é a força de seu povo; existe alegria inefável e cheia de glória, mas a ideia do cristianismo como outra forma de entretenimento é absolutamente ridícula.

Quando canto *Amazing Grace* [maravilhosa graça], estou adorando ao Deus todo-poderoso. Se você quiser chamar de "entretenimento" aquilo que eles fazem diante do trono quando clamam dia e noite sem cessar "Santo, Santo, Santo, Senhor Deus todo-poderoso", então eu sou um animador de auditório. Se não é entretenimento — e não é —, então sou um adorador.

A igreja deve adorar, amado! Há mais alegria terapêutica em cinco minutos de adoração do que em cinco noites de folia. Ninguém jamais adorou a Deus e depois saiu para cometer suicídio por estar de ressaca. Mas muitos homens já se mataram porque tentaram tanto se divertir que ficaram física e emocionalmente esgotados. Muitas jovens bonitas se dedicaram à diversão e, antes dos 25 anos, tiveram de se submeter a tratamentos estéticos especiais no rosto — simplesmente se desgastaram. Oh, como eu amo ver a graça de Deus em um rosto — você não? Lembro-me de ter sido convidado a pregar para um grupo de pessoas quietas, vestidas com simplicidade, bastante separadas do mundo em muitos aspectos e costumes. As mulheres usavam chapeuzinhos pretos no alto da cabeça e os cabelos presos em coques. Eu estava de gravata, e disse ao homem que iria me apresentar: "Sabe, sou um estrangeiro e não sei se me aceitarão ou não".

Ele disse: "Oh, pregue para o coração dessas pessoas, e elas simplesmente esquecerão que você não pertence à comunidade delas". Eu fiz exatamente o que ele disse — e elas também fizeram exatamente o que ele disse. Eu me senti absolutamente revigorado e maravilhosamente abençoado.

As pessoas que abraçam uma igreja pelos valores culturais que ela defende também não ficarão felizes e satisfeitas numa congregação cheia do Espírito. Você já conheceu pessoas assim? Elas não sabem nada sobre o Espírito em sua própria vida ou sobre a igreja cheia do Espírito. Acreditam que o valor cultural da igreja é bom para elas e lhes oferece algo, e querem que seus filhos sejam criados na atmosfera cultural da igreja. Querem resenhas de livros e palestras sobre arranjos de flores, criação de filhos e todo tipo de coisas — mas, com toda a certeza, elas não se sentirão em casa entre o querido povo regenerado de Deus que deseja o avanço espiritual.

Então, sempre teremos que estar cientes de que esse tipo de descontentamento afastará alguns, e ficamos tristes com a decisão deles. Mas agradecemos a Deus por aqueles que estarão na sua glória se formos constantemente à base da raiz, arrancando tudo o que não é de Deus e mantendo o grão crescendo viçoso e bonito. Graças a Deus por aqueles que querem se engajar nas coisas celestiais, andar com Deus, obedecer à verdade e amar uns aos outros.

Quem são essas pessoas que ficarão felizes, contentes e realizadas em uma congregação cheia do Espírito? São aquelas cuja ambição precípua é se livrar dos seus pecados.

Acredito que devemos desejar nos livrar de nossos pecados. Se eu tivesse um câncer crescendo em meu pescoço, gostaria de me livrar dele — quanto mais cedo, melhor. Ninguém poderia vir até mim e dizer: "Olhe, eu tenho um sino de colocar no pescoço das vacas — deixe-me sacudi-lo. Você não gostaria de tê-lo?". Eu diria: "Não, não gostaria — estou preocupado com este câncer no meu pescoço. Você tem uma cura para isso?". A pessoa diria: "Ah, vamos esquecer o câncer — deixe-me tocar o sino".

Sim, às vezes temos esse tipo de pessoa na igreja, mas ele não ajuda em nada. Vamos falar sobre nos livrarmos do nosso pecado. Algumas pessoas que têm um grande desejo de se livrar dos seus pecados tiveram um fogo refinador passando pelo seu coração, santificando todo o seu ser. Essas pessoas serão felizes entre nós.

As pessoas que querem conhecer a Deus e andar com Ele também serão felizes aqui. Sua ambição é andar com Deus e seguir o Cordeiro aonde quer que Ele vá. O povo do Senhor se conhece e se aprecia mutuamente. Pode aparecer no meio deles, ocasionalmente, uma maçã podre — Jesus tinha Judas Iscariotes em seu pequeno rebanho. Conhecemos uns aos outros e, quando cumprimentamos alguém com um aperto de mão e a pessoa nos diz alguma coisa sobre Deus, meio que sabemos que estamos falando com um irmão em Cristo. Não importa qual seja nossa formação ou de onde viemos — todos nós falamos a mesma língua se somos irmãos e irmãs em Jesus Cristo, nosso Senhor. Conhecemo-nos e nos apreciamos.

Aqueles, também, que aprenderam a reconhecer a voz do bom pastor se sentirão em casa em uma igreja cheia do Espírito.

É triste, para nós, que algumas pessoas nunca tenham escutado a voz do Pastor. Sua voz é suave como uma canção de ninar, forte como o vento e poderosa como o som de muitas águas. As pessoas que aprenderam a escutar e a reconhecer a voz de Jesus — aquela voz curadora, musical, solene e bela de Jesus em sua igreja — sempre se sentem em casa num lugar onde tudo gira em torno dele.

A verdadeira igreja cristã pode ser um conglomerado de tudo que há sob o Sol. Isto é, podemos ter calvinistas, arminianos, metodistas, batistas e todos os tipos de pessoas, e ainda assim estamos todos juntos em uma coisa: Jesus Cristo é sabedoria, justiça, santificação e redenção. Ele é tudo em todos, e o povo do Senhor que aprendeu a escutar a voz do Pastor é atraído para esse tipo de igreja.

Há, ainda, aqueles que são sensíveis à Presença Invisível, e se sentirão em casa neste grupo.

Eles podem não ter tanta certeza sobre quem mais está ali presente, mas sabem que o Senhor está presente, e são sensíveis a isso.

Você acha que seu próprio coração é sensível à presença do Senhor, ou você está entre aqueles que andam de igreja em igreja, mas não param em nenhuma? Deus o ajude se você for desse modo, pois o filho do Rei não é alguém assim — ele é uma ovelha que ama seu Pastor e fica perto dele. Esse é o único lugar seguro para uma ovelha — ao lado do Pastor, porque o diabo não teme as ovelhas, teme apenas o Pastor. Sua segurança e bem-estar espiritual residem em você estar perto do Pastor. Fique perto de Jesus e nem todos os lobos do mundo conseguirão cravar um só dente em você.

Há aqueles que provaram a boa Palavra de Deus e sentiram o misterioso poder do mundo vindouro. Graças a Deus por aqueles, nas igrejas, que preferem escutar a voz de Jesus a escutar a voz do maior pregador ou do melhor cantor do mundo. Graças a Deus por aqueles que preferem estar conscientes da Presença Divina do que estar na presença do maior homem do mundo. Graças a Deus por aqueles que estão cansados de seus pecados e desejam ser santos. Oro para que o número destes aumente.

Estas são as coisas em que cremos: Jesus Cristo, o Senhor; vida limpa, decência e separação de todas as coisas que são erradas; adoração alegre, radiante e feliz; doce companheirismo baseado em bondade e paciência, perseverança e honestidade. Acreditamos na visão missionária e, acima de tudo, adoramos "o Senhor na beleza da santidade" (Salmos 29:2).

2

Como Cristo é revelado pelo Espírito Santo: *não por meio do intelecto*

Respondeu João: O homem não pode receber coisa alguma, se do céu não lhe for dada.

João 3:27

ESBOÇO

Introdução

Por natureza, o ser humano não possui a capacidade de compreender e de entender as coisas de Deus e do Espírito. Mesmo os mestres da igreja geralmente não estão cientes desse fato. A diferença entre a intuição e o intelecto do homem está na apreensão da verdade.

1. *O erro da ortodoxia em assumir que as verdades espirituais podem ser percebidas intelectualmente.*
   a. O erro de acreditar que o estudo da Bíblia por si só pode remover o véu.
   b. O erro de acreditar que podemos discutir o assunto uns com os outros, colocando as coisas espirituais no mero nível da compreensão humana.
   c. Como consequência desse erro, agora temos dois "Cristos".
2. *As más consequências de acreditar que podemos conhecer a Deus com nossa mente.*
   a. Admite-se que a vida cristã seja muito parecida com a vida natural — só que mais limpa e divertida.
   b. A dependência da filosofia e da razão.
   c. A tendência de usar a ciência para provar o cristianismo.
   d. Por que devemos patrocinar a grandeza humana?

3. *A certeza de Paulo de que Deus escolheu as coisas loucas deste mundo para confundir as sábias.*

a. Quando o Espírito vier, você não perderá nada do que já aprendeu. Ele trará nova vida às antigas verdades.

AO CONSIDERAR ESTE TEXTO, DUAS coisas devem permanecer em nossa mente. Ele declara que nós, seres humanos, não temos a capacidade de apreender as coisas divinas, mas, também, afirma que o céu pode nos dar essa capacidade.

Está bem claro na revelação das Escrituras que as coisas espirituais estão ocultas por um véu e que, por natureza, o ser humano não tem a capacidade de compreendê-las e se apoderar delas. Ele se depara com um muro maciço. Ele pega a doutrina, os textos, as provas, os credos e a teologia, e os ergue como um muro, mas não consegue encontrar o portão. Ele permanece na escuridão e tudo ao seu redor é conhecimento intelectual sobre Deus — mas não o conhecimento de Deus, pois há uma diferença entre o conhecimento intelectual sobre Deus e o conhecimento revelado pelo Espírito.

É possível crescer em uma igreja, aprender o catecismo e fazer tudo o que eles realizam conosco, dentro da racionalidade. Mas, depois de termos feito tudo isso, podemos desconhecer Deus totalmente, porque Ele não é conhecido por meio dessas coisas externas. Somos cegos e não podemos ver, porque as coisas de Deus ninguém conhece senão pelo Espírito de Deus.

O Espírito Santo disse por meio do apóstolo Paulo: "assim também as coisas de Deus ninguém conhece senão pelo Espírito de Deus". Deus conhece a si mesmo, e o Espírito Santo conhece a Deus por que o Espírito Santo é Deus, e nenhum homem pode conhecer a Deus exceto pelo Espírito Santo. Portanto, alguém desconsiderar esta verdade implica excluir totalmente as coisas espirituais de seu entendimento.

Como eu gostaria que todos os nossos mestres na igreja pudessem entender que o reino do Espírito está vedado para o intelecto. Realmente, não é difícil entender o porquê. Veja, o espírito é o meio pelo qual apreendemos as coisas divinas, e o espírito humano morreu — está morto por causa do pecado. Quando digo que o intelecto humano não é o veículo pelo qual apreendemos as coisas divinas, não afirmo nada muito profundo. Por exemplo, se houvesse uma sinfonia sendo tocada agora, não a ouviríamos com nossos olhos, pois Deus não nos deu olhos para ouvir. Ele nos deu nossos olhos para ver.

Se houvesse um belo pôr do sol, não o apreciaríamos com nossos ouvidos, porque Deus não nos deu ouvidos para ouvir o pôr do sol. Ele nos deu ouvidos para ouvir a música, as vozes dos nossos amigos, o riso das crianças e o canto dos pássaros. Ele nos deu nossos olhos para ver as coisas que podem ser contempladas. Ele nunca confunde os dois.

Se um homem se levanta e diz que o reino natural — a natureza visível — não pode ser apreendido pelo ouvido, ninguém se entusiasma com isso. Ninguém pula e diz: "Esse homem é um profeta". Ele disse apenas o que é senso comum, um fato científico corriqueiro.

Quando digo que Deus, o Ser Divino, não nos deu o intelecto para apreendê-lo, mas que nos deu outro meio de compreensão, não há nada de profundo nisso.

Aqui, porém, compartilharemos a Palavra de Deus em relação a este conceito. Às vezes, quando ouvimos uma explicação sobre uma coisa e, depois, lemos a Bíblia, ela se torna viva para nós.

Lemos a passagem em Isaías 55:8-9: "Porque os meus pensamentos não são os vossos pensamentos, nem os vossos caminhos, os meus caminhos, diz o Senhor, porque, assim como os céus são mais altos do que a terra, assim são os meus caminhos mais altos do que os vossos caminhos, e os meus pensamentos, mais altos do que os vossos pensamentos". Além disso, em 1Coríntios 2:14 está escrito: "Ora, o homem natural não aceita as coisas do Espírito de Deus, porque lhe são loucura; e não pode entendê-las, porque elas se discernem espiritualmente".

Agora escute isto: o homem natural — isto é, o homem cognitivo, o homem da mente, o homem do intelecto — não pode entender nem receber as coisas do Espírito de Deus, porque lhe são loucura, e não pode entendê-las porque elas se discernem espiritualmente. Deus nos deu um espírito para entendê-lo e um intelecto para entender teologia — há uma diferença.

Em João 16:12-14, Jesus disse: "Tenho ainda muito que vos dizer, mas vós não o podeis suportar agora; quando vier, porém, o Espírito da verdade, ele vos guiará a toda a verdade; porque não falará por si mesmo, mas dirá tudo o que tiver ouvido e vos anunciará as coisas que hão de vir. Ele me glorificará, porque há de receber do que é meu e vo-lo há de anunciar".

Isto está perfeitamente claro: aquele que nos revela Deus, que nos revela Cristo, é o Espírito de Deus.

Em 1Coríntios 2:6-9, temos uma passagem que nos diz: "Entretanto, expomos sabedoria entre os experimentados; não, porém, a sabedoria deste século, nem a dos poderosos desta época, que se se reduzem a nada; mas falamos a sabedoria de Deus em mistério, outrora oculta, a qual Deus preordenou desde a eternidade para a nossa glória; sabedoria essa que nenhum dos poderosos deste século conheceu; porque, se a tivessem conhecido, jamais teriam crucificado o Senhor da glória; mas, como está escrito: 'Nem olhos viram, nem ouvidos ouviram, nem jamais penetrou em coração

COMO CRISTO É REVELADO PELO ESPÍRITO SANTO | 37

humano o que Deus tem preparado para aqueles que o amam". É estranho quantas vezes paramos quando deveríamos continuar, e aqui é um dos lugares nos quais as pessoas param quando memorizam e colocam um ponto final após as palavras "aqueles que o amam". Paramos por aí, mas a Bíblia não para por aí. Tem uma pequena conjunção adversativa "mas", e o texto prossegue: "Mas Deus no-lo revelou pelo Espírito". O olho não viu, nem o ouvido escutou, nem o coração do homem entendeu, mas Deus o revelou pelo seu Espírito. As coisas espirituais não são apreendidas pelo olho, nem pelo ouvido, e não são apreendidas nem mesmo pelo intelecto. Elas são reveladas pelo Espírito, pois "o Espírito a todas as coisas perscruta, até mesmo as profundezas de Deus.

Paulo usa esta ilustração no versículo 11: "Porque qual dos homens sabe as coisas do homem, senão o seu próprio espírito, que nele está?". Isso é o que chamamos de intuição, e não é uma palavra que devemos temer. Com a ajuda de Deus, não fujo das palavras. Não tenho medo da palavra "intuição" ou "intuir", porque é assim que sei eu que sou eu — e não outra pessoa.

Como você sabe que você é você — e não outra pessoa? Se aparecessem à sua frente quatorze homens semelhantes a você, isso não o surpreenderia. Você sorriria e diria: "Não é uma coincidência incrível que quatorze outros homens se pareçam exatamente comigo?". Pode ser que minha esposa não saiba a diferença — mas eu não teria dúvida sobre qual deles era eu. Você conserva a sua individualidade por causa da sua intuição. Você não corre para sua velha Bíblia de família para descobrir quem você é — você sabe quem você é. Se você tivesse ficado órfão, talvez não soubesse quem eram seus pais, mas, no que diz respeito ao seu eu individual, você sabe quem é por intuição. E sabe que está vivo — não precisa raciocinar que está vivo.

Agora, aplicaremos isso à condição da igreja em nossos dias. Esquecemos que existem algumas coisas que não podemos entender com nossas faculdades intelectuais, e procuramos alcançá-las com a mente. A mente é boa — Deus a colocou lá. Ele nos deu uma cabeça, e não era sua intenção que ela servisse apenas para usar um chapéu. Ele nos deu uma cabeça e colocou dentro dela um cérebro; e essa faculdade que chamamos de intelecto tem seu próprio trabalho a fazer. Mas esse trabalho não é a apreensão das coisas divinas — isso vem por meio de do Espírito Santo.

Deixe-me lembrá-lo agora que a ortodoxia moderna cometeu um grande erro com a suposição equivocada de que as verdades espirituais podem ser percebidas intelectualmente. Este conceito tem tido consequências de grande alcance, que se manifestam na nossa pregação, na nossa oração e no nosso canto, na nossa ação e no nosso pensamento.

Afirmo que estamos errados ao acreditar que o estudo da Bíblia possa remover o véu que impede a nossa percepção espiritual.

Sei que, quando vamos para o seminário, temos que aprender teologia, introdução ao Antigo Testamento e ao Novo Testamento, síntese do Antigo Testamento e do Novo Testamento, e assim por diante. As disciplinas têm nomes longos e suponho que as pessoas que as estudam acham que possuem alguma coisa. Elas podem ter alguma coisa se tiverem a iluminação divina do Espírito Santo. Até que recebam essa iluminação — esse esclarecimento interior —, elas não terão nada, por que o estudo da Bíblia, por si só, não ergue o véu nem o atravessa. A Palavra não diz "ninguém conhece as coisas de Deus, exceto aquele que estuda a Bíblia". Ela diz que ninguém conhece as coisas de Deus, exceto pelo Espírito Santo.

Foi o Espírito Santo quem compôs a Bíblia e, portanto, é Ele quem precisa animá-la. Deixe-me citar uma pequena máxima — não me lembro de onde vem: "Para entender um texto bíblico, é necessária uma ação do Espírito Santo equivalente ao ato de inspiração do texto original". Pessoalmente, acredito que isso seja verdade. Em 2Timóteo 3:16, Paulo disse: "Toda a Escritura é inspirada por Deus e útil", e isso apoia João 3:27, que diz que "o homem não pode receber coisa alguma se do céu não lhe for dada".

Afirmo também que estamos em erro quando acreditamos que podemos conversar uns com os outros e colocar as coisas espirituais no mesmo nível do entendimento humano.

Dizemos que um pregador é um vendedor — ele vende o evangelho. Mas não tente me dizer que os métodos que Deus usa para ganhar homens são os mesmos que o vendedor de escovas usa para vender uma escova de coçar as costas. Eu não acredito nisso.

O Espírito Santo opera em outra esfera totalmente diferente, e o método de ganhar um homem para Deus é um método divino e não humano. Sim, podemos fazer membros de igreja. Podemos trazer as pessoas para o nosso lado, e elas podem se juntar à nossa classe e ir para os nossos acampamentos de verão. Podemos não ter feito nada em favor delas, exceto transformá-las em prosélitos. Quando o Espírito Santo opera numa pessoa, então Deus faz a obra, e o que Deus realiza, de acordo com as Escrituras, dura para sempre.

Imaginamos que podemos lidar com isso pela carne, e realmente o fazemos, porque o Senhor permite que o façamos. Podemos conhecer o credo mas não conhecer Deus em sua pessoa. Podemos compreender a doutrina e não entender as coisas espirituais. A terrível consequência é que muitas pessoas conhecem coisas a respeito de Deus, mas não conhecem o próprio Deus. Há uma grande diferença entre conhecer a respeito de

Deus e conhecer Deus — uma grande diferença! Posso me informar sobre seu parente — e ainda não o conhecer pessoalmente. Se nunca estive com ele, não conheço o toque de sua mão, ou a expressão de seu olhar, ou o sorriso de seu rosto, ou o som de sua voz. Só sei coisas a seu respeito. Você pode me mostrar a foto dele e descrevê-lo para mim, mas, ainda assim, não o conheço. Só conheço fatos sobre ele.

Um cientista conhece insetos. Ele pode escrever livros sobre abelhas, minhocas ou outros insetos de vários tipos e, ainda assim, nunca conhecer um inseto — nunca! Ele poderia nunca ter entrado em contato com o inseto.

Se você tem um cachorro, pode saber tudo sobre ele e seus hábitos, mas nunca o conhecerá de verdade. Ele pode sorrir para você, mostrar a língua vermelha e ofegar. Ele parece ser inteligente, mas é um cachorro e, como humano, você não tem a capacidade, nem os órgãos, nem técnicas para entrar no mundo canino dele. Você pode penteá-lo, lavá-lo, alimentá-lo, aparar o pelo de suas orelhas e ter um conhecimento externo dele, mas nunca poderá conhecer seu cão no sentido em que estamos falando. E o seu cão nunca poderá conhecê-lo. Ele pode saber coisas sobre você, pode saber quando você está feliz e quando está bravo com ele. Ele pode saber quando fez uma coisa certa ou errada.

Às vezes penso que os cachorros têm uma consciência quase tão boa quanto a das pessoas, mas, mesmo assim, o cachorro morre sem conhecer o ser humano, porque não lhe foi dada a capacidade que os humanos possuem de apreender, perceber e entender. É assim que o ser humano pode saber sobre Deus, ter conhecimento da morte de Cristo por ele, pode até escrever canções e livros sobre o assunto, ser o chefe de organizações religiosas e ocupar cargos importantes na igreja — e, ainda assim, nunca chegar ao conhecimento vital e pessoal de Deus. Somente pelo Espírito Santo é que ele pode conhecer a Deus.

Novamente, é minha opinião que, como consequência desse tipo de erro, realmente temos dois Cristos. Temos o Cristo da História, o Cristo dos credos; por outro lado, existe o Cristo que somente o Espírito pode revelar.

Agora, você nunca pode formar um quadro completo de Jesus a partir do conhecimento histórico — é impossível. É possível ler o Novo Testamento e, ainda assim, nunca encontrar nele o Cristo vivo. Você pode se convencer de que Ele é o Filho de Deus e, ainda assim, nunca o encontrar como a pessoa viva que Ele é. Jesus Cristo precisa ser revelado pelo Espírito Santo — ninguém conhece as coisas de Deus senão por Ele.

Eu gostaria de colocar uma ênfase aqui e deixar isto claro: uma revelação do Espírito Santo em um lampejo glorioso de iluminação interior ensinaria mais a você sobre Jesus do que cinco anos em um seminário teológico — e eu creio no seminário! Você pode aprender sobre Jesus no seminário. Você pode aprender muito sobre Ele, e devemos aprender tudo o que pudermos sobre Ele. Devemos ler tudo o que pudermos ler sobre Ele, pois ler sobre Ele é legítimo e bom, e constitui uma parte do cristianismo. Mas o lampejo final, que faz com que Jesus seja apresentado ao seu coração, precisa ocorrer pela iluminação do próprio Espírito Santo, ou nunca ocorrerá.

Convenço-me de que só conhecemos Jesus Cristo na medida em que o Espírito Santo se apraz em revelá-lo a nós, pois Ele não pode ser revelado de nenhuma outra maneira. Até Paulo disse: "Se antes conhecemos Cristo segundo a carne, já agora não o conhecemos deste modo" (2Coríntios 5:16). A igreja não pode conhecer a Cristo, exceto quando o Espírito o revela.

Existem várias consequências negativas de acreditar que podemos conhecer Deus com nossa mente, com nossa capacidade intelectual.

Primeiro, admite-se que a vida cristã é muito parecida com a vida natural — só que mais alegre, limpa e divertida.

A fé de nossos pais foi identificada com uma série de coisas questionáveis. Devemos admitir que uma delas é a filosofia, e acho que esse movimento neointelectual

44 | O ESPÍRITO SANTO: 10 SERMÕES SOBRE O CONSOLADOR

moderno que tenta ressuscitar a igreja por meio do aprendizado está completamente fora de rumo, pois não se recorre à filosofia para descobrir sobre o Senhor Jesus.

Acontece que o apóstolo Paulo foi um dos homens mais intelectuais que já viveu. Ele foi considerado por alguns uma das seis maiores mentes que já existiram. Contudo, Paulo disse à igreja de Corinto: "Eu, irmãos, quando fui ter convosco, anunciando-vos o testemunho de Deus, não o fiz com ostentação de linguagem ou de sabedoria, mas em demonstração do Espírito e de poder" (1Coríntios 2:4).

Se você tiver que vir para o cristianismo por meio da razão, alguma pessoa sábia poderá usar a razão para tirá-lo dele. Se você vier a Cristo por um lampejo do Espírito Santo, de modo que, pela intuição, saiba que é filho de Deus, seu conhecimento disso terá vindo tanto pelo texto bíblico como pela luz interior, ou seja, a iluminação interior do Espírito, e ninguém poderá tirá-lo desse caminho pelo raciocínio.

Quando eu era jovem, li a maioria dos livros sobre ateísmo. Eu tinha minha Bíblia, um hinário e alguns outros livros, incluindo Andrew Murray e Thomás de Kempis, e me eduquei o melhor que pude lendo livros. Eu li a filosofia de todas as grandes mentes — e muitos desses homens não acreditavam em Deus, você sabe —, e eles não acreditavam em Cristo. Lembro-me de

COMO CRISTO É REVELADO PELO ESPÍRITO SANTO | 45

ter lido *A History of the Warfare of Science with Theology in Christendom* [Uma história da guerra da ciência com a teologia do cristianismo], de Andrew Dickson White, e se alguém é capaz lê-lo e ainda dizer que está salvo, não está salvo por sua leitura, mas pelo Espírito Santo dentro dele, dizendo-lhe que está salvo!

Na verdade, muitos daqueles filósofos e pensadores tirariam todas as minhas "razões" e me reduziriam a uma ignorância palpitante. Com base na razão humana, eles fariam uma pessoa simplesmente ficar deprimida, e então sair e jogar sua Bíblia em uma prateleira e dizer: "Outro livro que se vai!"

Você sabe o que eu fazia depois de ler um capítulo ou dois e encontrar argumentos que não podia refutar? Eu me ajoelhava e, com lágrimas, agradecia a Deus com alegria: "Não importa o que os livros digam, eu te conheço, meu Salvador e meu Senhor!"

Eu não tinha isso na minha cabeça — tinha no meu coração. Veja que há uma grande diferença. Se tivermos isso na cabeça, então a filosofia pode ser de alguma ajuda para nós; mas, se o tivermos no coração, não há muito que a filosofia possa fazer, exceto ficar de lado, reverentemente, com o chapéu na mão, e dizer: "Santo, Santo, Santo é o Senhor Deus, o todo-poderoso".

Outra das coisas questionáveis é a maneira pela qual tentamos invocar a ciência para provar o cristianismo.

Acabamos de passar por um daqueles longos túneis pelos quais a igreja evangélica corria para a ciência a fim de obter algum tipo de ajuda, sem saber que a ciência não tem técnica para investigar tudo o que há de divino no cristianismo.

As coisas que a ciência pode investigar não são divinas, e as coisas que são divinas a ciência não pode investigar. Claro, a ciência pode fazer os satélites e as naves espaciais — muitas coisas maravilhosas na esfera humana —, mas tudo isso é realmente nada. O cristianismo é um milagre e uma maravilha — algo vindo dos céus —, algo baixado como o lençol de Pedro, que não depende do mundo nem é parte do mundo, mas sim algo que vem do trono de Deus, como as águas da visão de Ezequiel [cf. Atos 10:9-48 com Ezequiel 47].

A ciência não sabe nada sobre isso. Ela só pode ficar um passo atrás, olhando, sem saber o que dizer. Mas, se não tivermos essa intuição interior, se não tivermos essa compreensão do milagroso, correremos para a ciência. Alguns dos que se encaixam nesta categoria dizem que querem acreditar em milagres. Um sujeito encontra um peixe jogado na praia e pega uma fita métrica, rasteja para dentro do esqueleto e mede a garganta do peixe. Ele descobre que ela é tão larga quanto os ombros de um homem, e diz: "Está vendo? Jonas poderia ser engolido por um grande peixe".

Bem, eu acredito nos milagres — em todos eles; mas não acredito porque a ciência me permite acreditar. Creio neles porque Deus os registrou e os detalhou na Bíblia. Se eles estão lá, eu acredito neles!

Você pode ter ouvido falar dos dois cientistas que afirmaram que a história de que a jumenta de Balaão falou com o profeta é falsa porque "a laringe de um jumento não poderia articular a fala humana". Um escocês atencioso os escutou, foi até eles e disse: "Homem, se você fizer um burro eu o farei falar". Aí está, irmão! Se Deus pode criar um burro, Deus pode fazê-lo falar. O sucesso do cristianismo depende de Jesus Cristo — depende da iluminação do Espírito Santo.

Pedro poderia ter arrazoado o dia todo, e ainda assim não saber nada com certeza, mas de repente, quando o Espírito Santo desceu sobre ele, o apóstolo deu um salto e afirmou: "A este Jesus, que vós crucificastes, Deus o fez Senhor e Cristo" (Atos 2:36). Ele sabia disso pelo Espírito de Deus.

Ainda outra coisa questionável é a maneira pela qual patrocinamos a grandeza humana quando não temos iluminação interior.

Um sistema literário cresceu em torno da noção de que o cristianismo pode ser provado pelo fato de que grandes homens acreditam em Cristo. Se conseguirmos apenas a história de um político que acredita em

Cristo, nós a espalhamos por todas as nossas revistas: "O senador Fulano de Tal acredita em Cristo". A implicação é que, se ele acredita em Cristo, então deve estar tudo bem com Cristo. Quando é que Jesus Cristo precisou pegar carona no sucesso de algum senador?

Não, não, meu irmão! Jesus Cristo permanece sozinho, único e supremo, estabelecido em sua própria dignidade e legitimidade, e o Espírito Santo declara que Ele é o Filho eterno de Deus. Que todos os presidentes e todos os reis e rainhas, senadores, e senhores e senhoras do mundo, juntamente com os grandes atletas e astros, ajoelhem-se a seus pés e clamem: "Santo, Santo, Santo é o Senhor Deus, o todo-poderoso!"

Somente o Espírito Santo pode fazer isso, meus irmãos. Por essa razão, não me curvo diante de grandes homens. Eu me curvo diante do Grande Homem e, se você aprendeu a adorar o Filho do Homem, não adorará outros homens.

Veja, é o Espírito Santo ou as trevas. O Espírito Santo é o imperativo da vida da parte de Deus. Se nossa fé deve ser a fé do Novo Testamento, se Cristo deve ser o Cristo de Deus e não o Cristo do intelecto, então devemos entrar além do véu. Temos que ir seguindo em frente além do véu até que a iluminação do Espírito Santo encha nosso coração e estejamos aprendendo aos pés de Jesus — não aos pés dos homens.

Agora, considere comigo as palavras de 1João 2:27: "Quanto a vós outros, a unção que dele recebestes permanece em vós, e não tendes necessidade de que alguém vos ensine; mas, como a sua unção vos ensina a respeito de todas as coisas, e é verdadeira, e não é falsa, permanecei nele, como também ela vos ensinou".

O que isso significa: "E não tendes necessidade de que alguém vos ensine; mas, como a sua unção vos ensina...". O homem que escreveu isso era um mestre, e não questionamos a importância de um mestre, pois um dos dons do Espírito é o ensino. O que é afirmado aqui é que o conhecimento que você tem de Deus não vem de fora. É recebido por uma unção interior, e você não obtém seu testemunho por meio de um homem, mas por meio de uma unção interior.

Paulo declarou: "Certamente, a palavra da cruz é loucura para os que se perdem, mas para nós, que somos salvos, poder de Deus. Pois está escrito: Destruirei a sabedoria dos sábios e aniquilarei a inteligência dos instruídos". E: "Na sabedoria de Deus, o mundo não o conheceu por sua própria sabedoria". E também: "Porque a loucura de Deus é mais sábia do que os homens; e a fraqueza de Deus é mais forte do que os homens" (1Coríntios 1:18-19, 21, 25).

Paulo também nos assegura que "Deus escolheu as coisas loucas do mundo para envergonhar os sábios e escolheu as coisas fracas do mundo para envergonhar as fortes; e Deus escolheu as coisas humildes do mundo, e as desprezadas, e aquelas que não são, para reduzir a nada as que são, a fim de que ninguém se vanglorie na presença de Deus" (1Coríntios 1:28-30). Veja, o Espírito Santo descarta e exclui toda a carne de Adão, todo brilho humano, toda cintilante personalidade, capacidade e eficiência humanas. Essas coisas fazem o cristianismo depender de um milagre perpétuo. O homem de Deus, o verdadeiro homem de Deus, cheio do Espírito, é um milagre perpétuo. Ele é alguém que não é compreendido pelas pessoas do mundo. É um estranho. Ele veio ao mundo pela maravilha do novo nascimento e pela iluminação do Espírito, e sua vida é completamente diferente da do mundo.

Se você quer uma base bíblica para este pensamento, Paulo disse em 1Coríntios 2:15: "Porém o homem espiritual julga todas as coisas, mas ele mesmo não é julgado por ninguém". O homem espiritual tem um discernimento que julga tudo, mas ele próprio não pode ser julgado por ninguém: "Pois quem conheceu a mente do Senhor, que o possa instruir? Nós, porém, temos a mente de Cristo" (1Coríntios 2:16). Isso é simples.

Agora, o que vamos fazer com esta verdade? Vamos discutir sobre isso? Vamos apenas dizer que foi bom? Vamos fazer algo a respeito? Vamos abrir a porta de nossa personalidade — escancará-la?

Oh, não precisamos ter medo — o Espírito Santo é um iluminador. Ele é luz para o interior do coração e nos mostrará mais de Deus em um momento do que poderíamos aprender numa vida inteira sem Ele. Quando Ele vier, tudo o que estudamos e tudo o que aprendemos terá seu devido lugar em nossa total personalidade, credo e pensamento. Não perderemos nada por causa daquilo que aprendemos. Ele não jogará fora o que aprendemos, se for verdadeiro — Ele só irá fazer com que fiquemos inflamados por essas verdades. Ele adicionará fogo ao altar.

O abençoado Espírito Santo espera para ser honrado. Ele honrará a Cristo à medida que honrarmos a Cristo. Ele está esperando — e se abrirmos nosso coração para Ele, um novo sol nascerá sobre nós. Eu sei disso por experiência pessoal. Se há algo que Deus fez por meu intermédio, isso começou naquele momento solene, terrível e maravilhoso quando a Luz que nunca esteve sobre terra ou mar, a Luz que ilumina todo homem que vem ao mundo, brilhou em minha escuridão. Não foi minha conversão — eu já estava convertido, profundamente convertido. Foi num momento posterior à conversão. E com você, isso já aconteceu?

3

A presença e o ministério do Espírito Santo: *tudo o que Jesus seria*

Se me amais, guardareis os meus mandamentos. E eu rogarei ao Pai, e ele vos dará outro Consolador, a fim de que esteja para sempre convosco, o Espírito da verdade, que o mundo não pode receber, porque não o vê, nem o conhece; vós o conheceis; porque ele habita convosco e estará em vós [...] mas o Consolador, o Espírito Santo, a quem o Pai enviará em meu nome, esse vos ensinará todas as coisas e vos fará lembrar de tudo o que vos tenho dito.

João 14:15-17, 26

ESBOÇO

INTRODUÇÃO

Poucos crentes cristãos hoje parecem realmente acreditar que o Espírito Santo espera e quer fazer por eles tudo o que Jesus faria se estivesse na Terra. Como resultado, muitas igrejas estão funcionando sem verdadeira dependência do Espírito Santo. A verdade da divindade do Espírito Santo está sendo negligenciada nas igrejas.

1. *Alguns dos resultados dessa negligência do Espírito Santo.*

   a. A comunhão das pessoas da igreja é social, com apenas um sabor religioso.

   b. Muitos mestres não espirituais foram trazidos para a igreja.

   c. "Bugigangas e frivolidades" religiosas no lugar do Espírito.

2. *Palavras simples sobre o modo de ser — o espírito não é matéria.*

   a. O Espírito Santo não é material.

b. O Espírito Santo pode penetrar em sua personalidade e em seu espírito.

c. Ninguém conhece as coisas espirituais de Deus, a não ser o Espírito de Deus, que as revela.

3. *A pessoa do Espírito Santo — quem é Ele?*

a. Ele não é entusiasmo, coragem, energia.

b. Ele tem substância, mas não substância material.

c. Ele tem individualidade, vontade e inteligência.

d. Ele pode ouvir, falar, desejar, se entristecer e se alegrar.

e. Ele pode se comunicar com você e amá-lo.

f. Ele pode ser apagado, silenciado, ferido.

4. *O Espírito Santo é a pessoa de Deus.*

a. As Escrituras dizem isso; os credos dizem isso.

b. O Espírito Santo é exatamente como Jesus.

c. Nós o agradamos crendo e obedecendo.

d. Ele é o Consolador prometido por Jesus.

EU ME PERGUNTO QUANTOS CRISTÃOS realmente existem no mundo hoje cuja vida espiritual foi transformada pela aceitação do fato de que o Espírito Santo veio como uma pessoa e que está disposto a fazer por nós tudo que Jesus faria se estivesse aqui na Terra — sim, o Espírito está desejoso de fazê-lo.

Digo isso porque sei o que acontece em muitas igrejas por aí. Digo isso porque é possível administrar uma igreja e todas as suas atividades sem o Espírito Santo. Você pode organizá-la, formar uma comissão, chamar um pastor, criar um coral, iniciar uma escola dominical e uma sociedade beneficente de senhoras. Você organiza tudo — e a parte da organização não é ruim. Eu sou a favor dela. Mas estou alertando sobre o fato de organizar a igreja, conseguir um pastor e colocar tudo em funcionamento — algumas pessoas pensam que isso é tudo. O Espírito Santo pode estar ausente e o pastor continuar tocando a igreja, e ninguém descobrir a ausência do Espírito por anos e anos. Que tragédia, meus irmãos, que tragédia acontecer isso em uma igreja cristã! Mas não precisa ser assim.

"Quem tem ouvidos, ouça o que o Espírito diz às igrejas."

O Espírito é fiel em sua mensagem de que a restauração de lugar de direito na igreja e na vida do crente é, sem dúvida, a coisa mais importante que poderia acontecer.

Se você pudesse aumentar a frequência de sua igreja até não haver mais lugar para ninguém, se pudesse fornecer tudo o que as pessoas desejam, apreciam e valorizam numa igreja, mas não tivesse a presença do Espírito Santo, seria melhor que não tivesse nada. Pois, "não [é] por força nem por poder, mas pelo meu Espírito, diz o SENHOR dos Exércitos". Não pela eloquência de um homem, não pela boa música, não pela boa pregação, mas é pelo Espírito que Deus opera suas poderosas obras.

Oh, que compreendamos agora a importância de nos lançarmos novamente sobre Deus e sobre o poder de seu Espírito, pois haverá um dia em que não teremos nada além de Deus! É melhor agirmos agora enquanto podemos fazer algo a respeito disso e trazer o Espírito Santo de Deus de volta para a igreja.

Traga-o de volta pela oração, pela obediência, pela confissão — até que Ele assuma o controle em nosso meio! Então haverá luz, vida, poder, vitória, alegria e frutos abençoados que virão para nós. Com sua orientação e poder, podemos viver em um nível totalmente diferente — um nível que nunca sonhamos ser possível antes. Sim, é isso mesmo!

A esta altura, deixe-me lembrá-lo de que os grupos cristãos muitas vezes cometeram erros, e depois cometeram erros maiores ainda.

No passado, os liberais cometeram um de seus grandes erros ao negar a divindade de Jesus Cristo, e trouxeram cegueira interior para milhares de pessoas, e decadência e morte espiritual para outros milhares.

Agora, pensemos a respeito do cristianismo evangélico em tempos mais recentes. Muitos que frequentam nossas igrejas e outros que têm parte na liderança estão cometendo um grande erro — estão negligenciando a verdade da divindade do Espírito Santo. Não acredito que os verdadeiros cristãos evangélicos negariam a divindade do Espírito Santo, mas certamente negligenciamos a verdade do lugar da pessoa do Espírito Santo na divindade e, é claro, negligenciamos seu senhorio dentro da igreja.

Em nossos dias, devemos confessar que podemos ver muitos resultados do fracasso da igreja cristã em honrar a pessoa divina do Espírito Santo.

Primeiro, a comunhão dos membros da igreja se degenerou em uma camaradagem social com um leve sabor religioso.

Agora, a esse respeito, quero que você saiba minha posição — é importante, e quero expressá-la claramente. Desejo a presença do próprio Deus, caso contrário não quero ter nada a ver com a religião. Você nunca conseguiria fazer com que eu me interessasse pelo clube social das moças solteiras, que introduz um pouquinho de cristianismo para lhe dar respeitabilidade. Quero tudo o que Deus tem, ou não quero nada. Eu quero o próprio Deus — ou então sairei e me tornarei algo que não seja um cristão. Acho que o Senhor tinha algo assim em mente quando disse: "Quem dera fosses frio ou quente! Assim, porque és morno e nem és quente nem frio, estou a ponto de vomitar-te da minha boca".

Em segundo lugar, nossa falha em honrar o Espírito Santo permitiu que muitos mestres pouco espirituais, não-espirituais e antiespirituais fossem trazidos para a igreja.

Você sabe, a igreja começou com uma Bíblia, depois acrescentou um hinário, e durante anos foi assim — uma Bíblia e um hinário. A igreja em geral, hoje em dia, certamente não conseguiria funcionar com apenas um hinário e uma Bíblia. Agora temos de possuir todos os tipos de bugigangas. Muitas pessoas não conseguiriam servir a Deus e manterem-se feliz, de maneira alguma, sem, pelo menos, uma quantidade de equipamentos que lotaria uma van.

Algumas dessas atrações que temos para conquistar as pessoas e mantê-las na igreja podem ser de alta qualidade ou baratas, podem ser elevadas ou degradantes. Elas podem ser artísticas ou grosseiras — tudo depende de quem está comandando o espetáculo. Mas o Espírito Santo não é o centro de atração, e não é o

Senhor que está no comando. Trazemos todo tipo de artifício contrário à Bíblia e não bíblico para manter as pessoas felizes e conservá-las na igreja.

A meu ver, a grande desgraça não é a presença dessas bugigangas e frivolidades religiosas — mas o fato de que elas se tornaram uma necessidade e a presença do Espírito Eterno não está em nosso meio.

Agora, se isso é verdade, e se temos alguma preocupação com isso, devemos nos perguntar se realmente sabemos quem é que estamos ignorando quando nos recusamos a conceder ao Espírito Santo seu lugar legítimo de atuação na igreja e em nossa vida.

Aqui você terá de pensar. Então sacuda a cabeça com força e desperte alguns neurônios que não têm sido muito usados desde os tempos de colégio ou faculdade. Peço que pense comigo sobre algo um pouco fora do comum, tendo em mente que nosso pensamento principal é o Espírito Santo.

Considere comigo, por favor, que "espírito" é outra modalidade de existência — espírito não é matéria.

Você pode pegar uma coisa material e jogá-la — isso é matéria. Você é composto de matéria — essa cabeça e esse corpo são de matéria, mas essa é apenas uma das modalidades de existência.

Há outra modalidade: o espírito. A diferença é que a matéria possui peso, tamanho, cor e extensão no espaço. Pode ser medida e pesada, e tem forma. Mas o Espírito Santo não é material. Portanto, Ele não tem peso, nem dimensão, nem forma, nem extensão no espaço. Agora, uma das capacidades do espírito é penetrar na matéria, penetrar nas coisas que têm substância. Seu espírito, por exemplo, habita em algum lugar do seu corpo, penetra em seu corpo e não o machuca. Ele pode penetrar porque é uma outra forma de existência. Sabemos que, quando Jesus ressuscitou dos mortos, Ele não era mais simplesmente matéria. Ele entrou em uma sala onde a porta estava fechada e trancada. Evidentemente, atravessou a parede de alguma forma e conseguiu atravessá-la e entrar na sala sem destrancar a porta. Ora, Ele não poderia ter feito isso antes de morrer, mas o fez depois. O espírito, então, é outro tipo de substância. É diferente das coisas materiais e pode penetrar na personalidade. Seu espírito pode penetrar em sua personalidade. Uma personalidade pode penetrar em outra. O Espírito Santo pode penetrar na sua personalidade e no seu espírito. Em 1Coríntios 2:11, a Bíblia diz: "Porque qual dos homens sabe as coisas do homem, senão o seu próprio espírito, que nele está? Assim, também as coisas de Deus, ninguém as conhece, senão o Espírito de Deus". O versículo 12 continua explicando que nenhum homem conhece as coisas espirituais de Deus, exceto o Espírito de Deus, que as revela. O Espírito de Deus pode penetrar no espírito do homem.

Acho que concordará comigo quando digo que muitas pessoas estão confusas sobre o Espírito de Deus. O Espírito Santo, por exemplo, não é entusiasmo. Algumas pessoas ficam entusiasmadas e imaginam que seja o Espírito Santo. Alguns podem ficar animados com uma música e imaginar que isso seja o Espírito, mas não é necessariamente assim. Algumas dessas mesmas pessoas saem do templo e vivem exatamente como o mundo pecaminoso — mas o Espírito Santo nunca entra em um homem e o deixa viver exatamente como o mundo que odeia a Deus. Essa é a razão pela qual a maioria das pessoas não quer ser cheia do Espírito Santo — elas querem viver da maneira que desejam e apenas ter o Espírito Santo como algo extra.

Digo-lhes que o Espírito Santo não será apenas um acréscimo. O Espírito Santo precisa ser o Senhor, ou Ele não virá.

Escreva isso em letras maiúsculas: O ESPÍRITO SANTO É UMA PESSOA. Ele não é entusiasmo. Ele não é coragem. Ele não é energia. Ele não é a personificação de todas as boas qualidades, assim como Jack Frost personifica o clima frio. Na verdade, o Espírito Santo não é a personificação de nada. Ele é uma pessoa, assim como você é uma pessoa, e Ele tem todas as qualidades de uma pessoa. Ele tem substância, mas não substância material. Ele tem individualidade. Ele é um ser, e não outro. Ele tem vontade e inteligência. Ele tem audição.

Ele tem conhecimento, compaixão e capacidade de amar, ver e pensar. Ele pode escutar, falar, desejar, se entristecer e se alegrar. Ele é uma pessoa.

O Espírito Santo pode se comunicar com você e pode amá-lo. Ele pode ser entristecido quando você o resiste e o ignora. Ele pode ser apagado como qualquer amigo pode se calar se você o atacar quando ele estiver em sua casa como convidado. Claro, Ele se calará num doloroso silêncio se você o ferir, e nós podemos ferir o Espírito Santo.

Agora, vamos considerar a pergunta: "Quem é o Espírito Santo?".

Bem, a igreja cristã histórica disse que o Espírito Santo é Deus.

Alguns de vocês poderiam citar comigo o Credo Niceno, que conclui: "E creio no Espírito Santo, o Senhor e Doador da vida que procede do Pai e do Filho, que, juntamente com o Pai e com o Filho, é adorado e glorificado". Isso é o que o credo dizia lá atrás, há cerca de 1.600 anos.

Depois há o Credo Atanasiano, e pensei que seria bom se eu voltasse cerca de 1.300 ou 1.400 anos e pudéssemos escutar nossos pais contarem quem é Jesus. Isso aconteceu lá atrás, quando um tal de Ário disse que Jesus foi um homem bom, um grande homem, mas não era Deus. Um homem chamado Atanásio rebateu: "Não! A Bíblia ensina que Jesus é Deus". Houve uma grande controvérsia, e alguns vieram a Atanásio e o advertiram: "O mundo inteiro está contra você!"

"Tudo bem", replicou Atanásio, "então eu estou contra o mundo inteiro".

Então eles tiveram aquele grande concílio, no qual ponderaram sobre o assunto. Desse concílio surgiu o Credo Atanasiano. Você sabe, a maioria de nós está tão ocupada lendo ficção religiosa que nunca chega aos credos. Aqui está o que ele diz:

> Há uma pessoa do Pai e outra do Filho e outra do Espírito Santo, mas a Divindade do Pai e do Filho e do Espírito Santo é apenas uma. A glória é igual e a majestade coeterna. Como o Pai é, assim é o Filho, e assim é o Espírito Santo.
>
> O PAI É INCRIADO, o Filho é incriado e o Espírito Santo é incriado. O Pai é infinito, o Filho é infinito, e o Espírito Santo é infinito. O Pai é eterno, o Filho é eterno, o Espírito Santo é eterno e, no entanto, não há três eternos, mas um eterno. Portanto, não há três incriados nem três infinitos, mas um incriado e um infinito.
>
> ASSIM, TAMBÉM, O PAI É onipotente, o Filho é onipotente e o Espírito Santo é onipotente. Mas não há três onipotentes, mas um. O Pai é Deus, o Filho é Deus e o Espírito Santo é Deus, mas não há três Deuses, mas um só Deus. O Pai é Senhor, o Filho é Senhor, o Espírito Santo

é Senhor, mas não há três Senhores, mas um Senhor. Então o Pai é Deus e o Filho é Deus e assim o Pai é Senhor e o Filho é Senhor e o Espírito Santo também é essas coisas. O Pai não é feito de ninguém, nem criado nem gerado, o Filho procede do Pai somente, não feito nem criado, e o Espírito Santo procede do Pai e do Filho, não feito, nem criado, nem gerado, mas procedente.

Ah, irmão, não sei o que isso faz com você, mas escutar isso e saber que é o que foi transmitido ao longo dos anos, e que é nisso que nossos pais acreditavam, equivale a servir frango no jantar para minha alma. Certamente você sabe que, no passado, quando os cristãos se reuniam e declaravam esse tipo de crença, alguns tinham sua língua arrancada, alguns tinham suas orelhas queimadas, alguns tinham seus braços arrancados, alguns perdiam a vida — tudo porque defenderam isto: que Jesus era o Senhor, para a glória de Deus Pai.

Esses antigos santos de Deus eram estudiosos eruditos que conheciam a verdade, e eles escreveram essas coisas e as deram para nós, para o mundo e para todas as eras. De joelhos agradeço a Deus por eles.

Não apenas a igreja histórica diz que o Espírito Santo é Deus, mas as Escrituras declaram que o Espírito Santo é Deus.

Aqui devo dizer isto a você: se a igreja afirmasse isso e as Escrituras não afirmassem, eu o rejeitaria. Eu não acreditaria em um arcanjo se ele viesse até mim com suas asas abertas medindo 3 metros e meio, brilhando como uma bomba atômica no momento da explosão, se ele não pudesse me dar o capítulo e o versículo da Bíblia. Eu quero saber se está aqui neste Livro. Não sou um tradicionalista, e quando alguém vem até mim e diz: "É uma tradição", eu respondo: "Tudo bem, isso é muito bom, interessante se for verdade, mas é verdade? Dê-me o versículo e o capítulo". Eu quero saber agora: esses antigos irmãos estavam certos quando disseram tudo isso sobre o Pai, o Filho e o Espírito Santo? Eles estavam dizendo a verdade? Ouça o que a Bíblia tem a dizer!

Bem, a Bíblia diz que Ele é Deus. Ela dá ao Espírito Santo os atributos que pertencem a Deus Pai e ao Filho. O texto de Salmos 139:7 diz: "Para onde me ausentarei do teu Espírito? Para onde fugirei da tua face?". Isso é onipresença, e nem mesmo o diabo é onipresente. Somente Deus pode reivindicar onipresença. Em Jó 26:13, Ele é descrito como tendo poder para criar. Diz: "Pelo seu Espírito ornou os céus", e também lemos em Jó 33:4: "O Espírito de Deus me fez, e o sopro do Todo-poderoso me dá vida". Aqui temos o sopro, o espírito do Todo-poderoso dando vida, portanto é dito aqui que o Espírito Santo é criador.

Ele emitiu ordens: "Separai-me, agora, Barnabé e Saulo para a missão a qual os tenho chamado" (Atos 13:2), e somente Deus pode fazer isso. Ele é chamado de Senhor em 2Coríntios 3:17: "Ora, o Senhor é o Espírito", e há a fórmula batismal: "Eu te batizo em nome do Pai e do Filho e do Espírito Santo".

Há uma bênção em 2Coríntios 13:13 [v. 14 em algumas versões]: "A graça do Senhor Jesus Cristo, e o amor de Deus, e a comunhão do Espírito Santo sejam com todos vós".

Sim, o Espírito Santo é Deus, e o mais importante é que o Espírito Santo está presente aqui, agora. Há uma divindade invisível presente. Não posso trazê-lo até vocês; só posso dizer que Ele está aqui. Posso dizer-lhes que Ele está presente em nosso meio, uma personalidade que tem conhecimento e sentimentos.

Ele sabe como você está reagindo à verdade de seu ser, personalidade e presença. Ele sabe o que você está pensando agora. Você não pode se esconder dele — Ele está presente agora. Jesus disse: "O Pai enviará outro Consolador para vocês em meu nome e Ele permanecerá com vocês para sempre" (João 14:16, paráfrase). Então, Ele está aqui entre nós agora. Ele é indivisível do Pai e do Filho, e Ele é inteiramente Deus, exerce todos os direitos de Deus e merece toda adoração, todo amor e toda obediência. Esse é o Espírito Santo!

A esse respeito há algumas coisas muito bonitas sobre o Espírito Santo que devemos conhecer e considerar.

Sendo o Espírito de Jesus, verificaremos que o Espírito Santo é exatamente igual a Jesus.

Algumas pessoas realmente ficaram assustadas com outras que afirmam estarem cheias do Espírito e depois agem de todas as maneiras, menos como o Espírito. Alguns que dizem que estão cheios do Espírito são muito severos, duros e abusivos. Outros são surpreendidos fazendo coisas estranhas e ilegais, e dizem: "Isso é o Espírito Santo".

O Espírito Santo é exatamente como Jesus, assim como Jesus é exatamente como o Pai. "Quem me vê a mim vê o Pai" (João 14:9), Jesus disse, e acrescentou: "Quando vier, porém, o Espírito da verdade, Ele vos guiará a toda a verdade; [...] porque há de receber do que é meu e vo-lo há de anunciar" (João 16:13-14).

Quero ilustrar essa verdade um passo adiante, respondendo a algumas perguntas: "O que o Espírito Santo pensa dos bebês?". Bem, Jesus pensava nos bebês exatamente como o Pai. O Pai deve pensar maravilhosamente bem sobre os bebês porque o Filho pegou um bebê nos braços, colocou a mão em sua cabecinha careca e proferiu: "Deus te abençoe" — e abençoou o bebê! Talvez os teólogos não saibam por que Ele fez isso, mas acho que sei. Não há nada mais suave e doce em todo o mundo do que o topo da cabecinha careca de um bebê, e Jesus colocou sua mão naquela cabecinha macia e a abençoou em nome de seu Pai. Agora, o Espírito Santo é o Espírito de Jesus. O Espírito pensa dos bebês exatamente o Jesus pensa.

Então, poderíamos perguntar: "O que o Espírito pensa das pessoas doentes?". Eu respondo: "O que Jesus pensava das pessoas doentes?".

"O que o Espírito pensa das pessoas pecadoras?" O que Jesus pensou da mulher que foi pega em adultério e arrastada à sua presença? O Espírito sente exatamente o que Jesus sente sobre tudo, pois Ele é o Espírito de Jesus. Ele reage exatamente como Jesus reage.

Pense em Cristo Jesus, nosso Senhor, como estando aqui pessoalmente. Não haveria ninguém fugindo de Jesus. As pessoas vinham a Ele. As mães trouxeram seus bebês, os doentes, os fatigados, os cansados — todos eles vieram. Todos vieram porque Ele foi a pessoa mais magnética que já existiu.

Você não encontrará ninguém falando muito contra Jesus pessoalmente porque Ele foi o personagem mais cativante, amoroso, bondoso, terno e belo que já viveu em todo o mundo. Ele demonstrou o Espírito — e é assim que o Espírito é. Quando você pensar no Espírito Santo, você pensará nele como gracioso, amoroso, amável e gentil, assim como o próprio Senhor Jesus Cristo.

Porque Ele é amoroso, bondoso e amigável, o Espírito Santo pode ser entristecido. Nós o entristecemos, ignorando-o, resistindo-o, duvidando dele, pecando contra Ele, recusando-nos a obedecer-lhe, virando as costas para Ele. Ele pode se entristecer porque é amoroso, e é preciso que haja amor em questão antes que possa haver dor.

Suponha que você tenha um filho de 17 anos que começou a ir mal. Ele rejeitou seus conselhos e quis tomar a rédea das coisas. Suponha que ele tenha se juntado a um jovem estranho de outra parte da cidade, e eles se envolveram em problemas.

Você foi chamado à delegacia. Seu filho e outro menino que você nunca tinha visto estavam sentados lá, algemados.

Você sabe como se sentiria. Você sentiria pena do outro garoto, mas não o ama porque não o conhece. Com relação a seu próprio filho, a dor penetraria em seu coração como uma espada. Só o amor pode sofrer. Se esses dois jovens fossem mandados para a prisão, você poderia ter pena do garoto que não conhecia, mas ficaria triste pelo menino que conheceu e amou. Uma mãe pode sofrer porque ama. Se você não ama, não pode sofrer.

Quando a Escritura diz "Não entristeçais o Espírito Santo de Deus", declara que Ele nos ama tanto que, quando o insultamos, Ele se entristece; quando

A PRESENÇA E O MINISTÉRIO DO ESPÍRITO SANTO | 71

o ignoramos, Ele se entristece; quando o resistimos, Ele se entristece; e quando duvidamos dele, Ele se entristece.

Felizmente, podemos agradá-lo quando obedecemos e cremos. Quando o agradamos, Ele reage a nós exatamente como um pai satisfeito ou uma mãe amorosa fariam. Ele reage a nós porque nos ama. Esta é a tragédia e a desgraça do momento: negligenciamos a pessoa mais importante que poderia estar em nosso meio — o Espírito Santo de Deus.

Então, para compensar sua ausência, temos que fazer algo para manter nosso ânimo.

Quero lembrá-lo de que existem igrejas tão completamente fora das mãos de Deus que, se o Espírito Santo se retirasse delas, levariam muitos meses para descobrir.

Eu disse isso anteriormente em uma mensagem uma vez, e no dia seguinte uma mulher me ligou e disse que estivera presente ao culto.

"Eu pertenço a outra igreja e escutei você declarar que existem igrejas nas quais o Espírito Santo poderia abandoná-los e eles nunca descobririam", lembrou. Então ela acrescentou: "Quero que você saiba que isso aconteceu em nossa igreja. Nós o rejeitamos tão consistentemente, que Ele se foi. Ele não está mais lá".

Sua voz era terna e não havia malícia ou crítica. Não sei se ela estava certa, pois duvido que o Espírito de

Deus saia completamente de uma igreja, mas Ele pode "ir dormir", por assim dizer, como o Salvador estava dormindo na parte de trás do barco. Ele pode ser tão negligenciado e ignorado que pode não se dar a conhecer, e isso pode continuar indefinidamente.

Deixe-me assegurar-lhe que essa é a mais importante coisa no mundo — que o bendito Espírito Santo está esperando agora e pode estar com você neste minuto. Jesus, em seu corpo, está à direita de Deus Pai todo-poderoso, intercedendo por nós. Ele estará lá até que volte.

Ele disse, no entanto, que enviaria outro Consolador, o Espírito Santo, seu Espírito.

Não podemos ser tudo o que devemos ser para Deus se não acreditarmos no que Jesus disse e nem nos apropriarmos deste fato: "O Consolador será meu representante e Ele será TUDO o que EU SOU".

4

O Consolador prometido, o Espírito Santo: a *permanência do Pentecostes*

Ao cumprir-se o dia de Pentecostes, estavam todos reunidos no mesmo lugar; de repente, veio do céu um som, como de um vento impetuoso, e encheu toda a casa onde estavam assentados. E apareceram, distribuídas entre eles, línguas, como de fogo, e pousou uma sobre cada um deles. Todos ficaram cheios do Espírito Santo e passaram a falar em outras línguas, segundo o Espírito lhes concedia que falassem. Ora, estavam habitando em Jerusalém judeus, homens piedosos, vindos de todas as nações debaixo do céu. Quando, pois, se fez ouvir aquela voz, afluiu a multidão, que se possuiu de perplexidade, porquanto cada um os ouvia falar na sua própria língua. Estavam, pois, atônitos e se admiravam, dizendo: Vede! Não são, porventura, galileus todos esses que aí estão falando? E como os ouvimos falar, cada um em nossa própria língua materna?

Atos 2:1-8

ESBOÇO

Introdução

Há uma grande diferença entre a repetição do Pentecostes e a perpetuação do Pentecostes.

Se descobrirmos os elementos duradouros do dia de Pentecostes, em Atos 2, podemos separar os elementos externos e incidentais dos elementos vitais, internos e permanentes.

1. *As coisas no Pentecostes que nunca podem ser repetidas.*
   a. Presença física de toda a igreja cristã em um só lugar.

O CONSOLADOR PROMETIDO, O ESPÍRITO SANTO | 75

   b. Som como o vento forte e impetuoso do céu.

   c. Aparição de um grande corpo de fogo que se dividiu e pousou nas testas de cada um.

   d. Cada crente do grupo falando em um idioma que todas as nações podiam entender sem um intérprete.

   e. Tudo isso era externo e não era fundamental para a vida e o ministério contínuos da igreja.

2. *Quais foram as coisas permanentes no Pentecostes?*

   a. O que o Senhor Jesus havia prometido? O Consolador.

   b. E quanto ao revestimento com poder das pessoas? A capacidade de realizar.

   c. Quem é a pessoa do Espírito Santo? A Deidade descida do céu.

3. *Se você não está cheio do Espírito, está enganado.*

   a. Muitos cristãos ficaram com medo do Espírito Santo e saíram dali.

   b. Satanás usa fanáticos de semblante insano como lições objetivas.

4. *A necessidade urgente de um derramamento do Espírito na igreja.*

a. Para reproduzir Cristo na Terra, temos o Espírito de Cristo.

b. A igreja é chamada a viver acima de sua própria capacidade.

c. Talvez devêssemos parar todas as nossas atividades, e apenas adorar a Deus e esperar nele.

d. A resposta para a carnalidade e a irreverência — Deus em nosso meio.

QUERO DISCUTIR COM VOCÊ ALGO que é considerado bastante controverso, baseado no segundo capítulo de Atos; minha intenção, porém, não é de que seja controverso, mas útil.

Não acredito na repetição do Pentecostes, mas acredito na perpetuação do Pentecostes — e há uma grande diferença entre os dois.

Quero tentar descobrir com você os elementos permanentes do Pentecostes, conforme descritos no livro de Atos. O que veio e ficou? O que veio e se foi?

Agora, como eu disse, não acredito que o Pentecostes deva se repetir, mas acredito que se perpetue. Não acredito que ele veio e se foi, mas que veio e permaneceu.

Se ao menos soubéssemos, você e eu estaríamos vivendo em meio a tudo isso!

O CONSOLADOR PROMETIDO, O ESPÍRITO SANTO | 77

Era verdade no Pentecostes, como em toda experiência religiosa, que havia elementos externos — e, portanto, variáveis. Deus não se importa muito com o externo. Devemos deixar que o Espírito Santo nos ensine que Deus coloca pouca ênfase nos aspectos externos. Mas há os elementos que são internos e do Espírito — eles são permanentes e são sempre quase os mesmos. Há, também, elementos incidentais e, portanto, de importância relativa. Eu não diria que não são importantes, mas não fundamentalmente importantes. Além disso, é claro, há elementos fundamentais e, portanto, de vital importância.

Já lemos os fatos históricos em Atos 2. O que aconteceu naquele dia no cenáculo, em Jerusalém?

Havia cerca de 120 pessoas sentadas naquela assembleia quando, de repente, houve um som na sala como de um vento forte e impetuoso. Não é dito que passou por ali um vento forte, soprando tudo. Você já ouviu um som que lhe deu a impressão de que havia um forte vento soprando em algum lugar? Isso é o que significa — um som semelhante ao de um vento forte e impetuoso.

Enquanto eles se perguntavam o que estava acontecendo, de repente apareceu uma grande nuvem de fogo, que se dividiu em pequenos pedaços e pousou na testa de cada um dos presentes. Este fogo era a presença divina da Shekinah, e ela se dividiu e pousou na testa de cada um deles.

O texto diz "línguas como que de fogo". Acenda uma vela e verá que a chama assume a forma de uma pequena língua — larga na parte inferior e afinando para cima. Isso é tudo o que significa. Não há nenhuma referência a linguagem. É dito que o fogo pousou na testa deles.

Agora, isso é tudo, exceto que eles começaram a se expressar em outras línguas, e as pessoas os escutaram falar nessas línguas.

Fora dessa ocasião histórica de Pentecostes, o que aconteceu que nunca pode ser repetido? Deixe-me apresentar alguns fatos. Primeiro, houve a presença física de toda a igreja reunida em um só lugar. Isso foi possível porque havia apenas cerca de 120 cristãos. O fato não poderia ser repetido depois disso porque, somente naquele dia, houve mais 3 mil pessoas nascidas no Corpo de Cristo, e em outro momento houve cerca de 5 mil que vieram a Cristo de uma só vez. Isso totaliza cerca de 8 mil. Tenho certeza de que não havia lugar em Jerusalém que pudesse acomodar com assentos, ou mesmo abrigar, 8 mil pessoas. À medida que o evangelho avançava dia a dia, o Senhor acrescentava diariamente à igreja os que iam sendo salvos. Finalmente, o número de cristãos se tornou tão grande que nenhum auditório em qualquer lugar poderia abrigá-los.

Que eu saiba, a presença física de todos os crentes cristãos juntos em um só lugar nunca foi repetida. Isso foi uma coisa que aconteceu no Pentecostes e que nunca mais se repetiu.

Tanto quanto posso dizer pela história da igreja e extensas leituras, o som do vento impetuoso do céu também nunca mais se repetiu. Eu nunca li sobre isso em nenhum lugar entre os morávios, metodistas, presbiterianos, anglicanos ou qualquer outra reunião de cristãos além da deste primeiro grupo. Escutei dizer que, quando Dwight Moody reuniu os cristãos, levou-os para debaixo dos pinheiros, na parte leste dos Estados Unidos.

Ele os manteve ao ar livre por vários dias e nada aconteceu.

Moody teve que se levantar diante deles e dizer: "A reunião termina amanhã e não podemos ir para casa sem sermos cheios do Espírito Santo; clamemos novamente e esperemos em Deus". Eles clamaram entre os pinheiros, e o poderoso Espírito Santo desceu sobre eles. No dia seguinte, enquanto pegavam os trens em todas as direções, o historiador relata que, em todos os lugares por onde iam, eram como as raposas de Sansão atravessando os campos, ateando fogo por onde passavam. O Espírito Santo havia vindo, mas Ele não veio com o som do vento. Isso não se repetiu.

Tampouco li em qualquer lugar da história cristã que houve outra aparição de uma grande labareda de fogo. Falo sobre narrativas verdadeiras e confiáveis de cristãos respeitáveis que não exageram as situações. Não consegui encontrar em nenhum relato que tenha havido o aparecimento de uma grande labareda de fogo, dividindo-se e repousando nas testas dos crentes.

Não li que em nenhum outro lugar ou em qualquer outro momento que todas as pessoas do grupo de crentes começaram a falar em uma língua que todos pudessem entender sem um intérprete. Isso é exatamente o que aconteceu em Atos 2. Não encontro nenhum registro de qualquer outro evento ou lugar em que dezessete grupos de idiomas diferentes pudessem escutar as pessoas falarem e todos eles soubessem e entendessem o que falavam sem um intérprete.

Eu digo que todos esses elementos do dia de Pentecostes obviamente nunca foram repetidos porque, em cada um dos casos, eram externos. O ato de falarem em línguas era externo, e a audição e o entendimento eram todos externos. Eles nunca foram repetidos e nunca precisaram ser repetidos.

Aqui está a lógica disso. Se essas coisas fossem necessárias para a igreja cristã e necessárias para a perpetuação do que quer que tenha acontecido no Pentecostes, elas seriam consideradas básicas e fundamentais. Se fossem necessárias para o surgimento da igreja e nunca se repetiram, então a igreja teria deixado de existir no dia em que ela nasceu, ou, pelo menos, teria deixado de existir com a morte daqueles que estavam presentes.

Obviamente, essas coisas externas não eram as coisas básicas. Elas estavam lá e estavam presentes, mas eram externas, eram incidentais, eram elementos que pertenciam àquela cena particular, histórica.

Agora, por outro lado, o que aconteceu naquele dia que não passou, que não desapareceu com o som do vento, a visão do fogo na testa das pessoas e as dezessete línguas sendo compreendidas ao mesmo tempo?

Qual é o elemento eterno e permanente no Pentecostes? Alguma coisa foi dada, algum legado foi deixado? O que aconteceu de interno, celestial, permanente e duradouro?

Para descobrir que é esse elemento, devemos descobrir o que foi prometido. De acordo com João 14:16, Jesus disse: "E eu rogarei ao Pai, e ele vos dará outro Consolador".

Em João 16:14, Jesus disse: "[Ele] há de receber do que é meu e vo-lo há de anunciar".

Esta era a promessa: estava chegando Alguém que teria autoridade, habilidade e capacidade de tornar Jesus Cristo real para aqueles que cressem.

Agora, lembre-se do que aconteceu quando o Espírito Santo veio e desceu sobre aqueles que estavam reunidos. Eis o que aconteceu: Pedro levantou-se de um salto e disse que aqueles homens não estavam bêbados, mas que algo maravilhoso acontecera com eles, pois "a este Jesus, que vós crucificastes, Deus o fez Senhor e Cristo". O que agora vocês estão vendo e ouvindo, disse-lhes Pedro, foi derramado pelo Homem que está à direita de Deus, isto é, o Senhor Jesus Cristo.

Em João 16, Jesus também havia dito: "Eu vos digo a verdade [...]. Eu vo-lo enviarei. Quando Ele vier, convencerá o mundo do pecado" (João 16:7-8). A presença do Espírito Santo é prometida para mostrar aos pecadores seus pecados e mostrar Cristo aos crentes.

Jesus havia dito: "Permanecei, pois, na cidade, até que do alto sejais revestidos de poder" (Lucas 24:29). Uma definição da palavra "poder" é a capacidade de fazer. Pelo fato de esta ser a palavra grega da qual vem o vocábulo "dinamite", alguns dos irmãos tentam fazer com que o Espírito Santo seja dinamite, esquecendo-se que estão invertendo as coisas. Foi a dinamite que recebeu o nome vindo do termo grego, e não o Espírito Santo e o poder de Deus que receberam seu nome vindo da palavra dinamite. A dinamite foi descoberta há menos de duzentos anos, mas essa palavra grega da qual obtemos nossa palavra "poder" remonta ao tempo de Cristo. Significa "capacidade de fazer" — isso é tudo... apenas capacidade de realizar.

Um homem pega um violino e não consegue tirar nada dele além de guinchos e sons estridentes. Esse homem não tem capacidade para fazer. Outro homem pega o violino e logo está tocando belas e ricas melodias. Um homem entra no ringue e não consegue nem levantar as mãos. O outro homem entra e tem poder para realizar, e logo aquele que não tinha capacidade para fazer está no chão, nocauteado.

É o homem com capacidade para fazer que vence. É a capacidade dinâmica para fazer a tarefa que lhe foi dada. Você receberá a habilidade para fazê-la. Essa capacidade virá sobre você.

Se você for um ganhador de almas, terá a habilidade de conquistá-las.

Se você for um pregador, terá a habilidade de tornar a Palavra de Deus clara.

O que quer que você faça em nome de Deus, Ele lhe dará a capacidade de realizar. Ele lhe dará a capacidade de ser vitorioso, de viver corretamente, de contemplar Jesus e de viver tendo o céu em vista. É capacidade de fazer.

Estas são as coisas vitais, essenciais e eternas que aconteceram no Pentecostes, e que vieram e permaneceram.

O vento, o fogo e a aparição nunca se repetiram, que eu saiba. Mas o Consolador veio. Ele veio e os encheu. Veio para habitar neles. Veio para tornar Jesus real.

Veio para lhes dar capacidade moral interior para fazer o que é certo e capacidade interior para realizar a obra de Deus. Isso ficou, e ainda está aqui. Se não temos essa capacidade, é porque fomos mal instruídos. Ficamos com medo e fugimos dela. Algum mestre da igreja nos deixou com medo de recebê-la ou algum cristão nos deixou com medo do Espírito Santo e nos fez fugir dele. Esta é uma ilustração grosseira, mas deixe-me contar o que fizemos depois de plantar um campo de milho quando eu era um jovem, na Pensilvânia. Para salvar o campo de milho dos corvos, atiramos num velho corvo e o penduramos pelos pés no meio do campo. Isso supostamente assustaria todos os corvos por quilômetros ao redor. Os corvos fariam uma conferência e diriam: "Olhe, há um campo de milho, mas não se aproximem dele. Eu vi um corvo morto ali". Esse é o tipo de conferência que Satanás convoca e é exatamente isso que ele fez. Ele pegou alguns cristãos fanáticos, esquisitos e com cara de malucos, que fazem coisas que não deveriam, e os colocou no meio do milharal de Deus, e adverte: "Olhe, não chegue perto dessa doutrina sobre o Espírito Santo, porque se o fizer, você vai passar a agir exatamente como esses fanáticos com cara de malucos".

Porque tem havido muitas dessas coisas estranhas, os filhos de Deus ficam assustados, e assim que você começa a falar sobre isso, eles correm para se esconder.

Eles dizem: "Oh, não, não quero saber disso! Já vi corvos mortos no meio do campo".

Bem, meu irmão, não vou deixar que me assustem e me façam fugir da minha herança legítima. Não vou fugir de medo e perder meu direito de primogenitura porque outros não sabiam o que fazer com o direito de primogenitura ou encontraram outra coisa que não tem nada a ver com ele. Eu quero tudo o que Deus tem para mim!

Agora, quero destacar mais uma coisa. Quando Cristo nasceu, muitas coisas externas aconteceram. Elas não eram de importância fundamental ou vital. Na ocasião de seu nascimento, os anjos foram informados e vieram, mas Ele teria nascido quer eles viessem, quer não.

Quando Cristo veio, nasceu em uma manjedoura e houve todo tipo de circunstâncias externas, mas aconteceu um grande fato vital que nunca foi alterado. Ele nasceu! Ele veio ao mundo. Ele se fez carne e habitou entre nós. Ele veio e assumiu nossa natureza humana, e o Verbo se fez carne para redimir a humanidade na cruz.

Isso aconteceu e permanece para sempre. As outras circunstâncias externas não são importantes. São as coisas internas que importam. Milhares de pessoas que nunca haviam visto os anjos sentiram o poder salvador de Cristo, e milhares que nunca haviam visto os magos sentiram o toque curador do Mestre.

Considero isso, então, como o significado eterno de Atos 2 — que o Consolador veio. A Divindade está em nosso meio. O próprio Deus se deu a nós, liquefazendo-se e derramando-se. "[Ele] derramou isto que vedes e ouvis" (Atos 2:33). Acredito que estamos em um momento crítico na vida e na história da igreja. Se continuarmos a escolher o caminho que estamos seguindo nos círculos fundamentalistas e evangélicos, os fundamentalistas serão todos liberais e a maioria dos liberais será unitariana. Precisamos urgentemente de um derramamento do Espírito Santo — e isso não pode acontecer enquanto o povo de Deus estiver se recusando a reconhecer que falhamos em tirar proveito de nossa herança.

Deus nos prometeu um impulso singular, um arrebatamento, uma invasão que deve vir e se apossar de nós. Isso deve provocar, em nós, o que jamais poderíamos ser por nós mesmos. Para escrever sonetos que se comparem aos produzidos por Shakespeare, você precisaria do espírito de Shakespeare. O intelecto de Shakespeare teria de entrar em sua personalidade, porque se você e eu tentássemos escrever "Devo eu comparar-te a um dia de verão?", nunca iríamos além disso.

Se você quisesse compor música como Johann Sebastian Bach, teria de ter o espírito de Bach. Se você quisesse ser um estadista como Gladstone, teria de possuir o espírito de Gladstone.

Agora, se vamos reproduzir Cristo na Terra e ser semelhantes a Ele, e anunciá-lo, do que é que mais precisaremos? Precisaremos ter o Espírito de Cristo. Se vamos ser filhos de Deus, devemos ter o Espírito do Pai para soprar em nosso coração e soprar através de nós. É por isso que devemos ter o Espírito de Deus. É por isso que a igreja deve ter o Espírito de Cristo. A igreja é chamada a viver acima de sua própria capacidade. Ela é chamada a viver em um plano tão elevado que nenhum ser humano pode viver por sua própria capacidade e poder. O cristão mais humilde é chamado a viver um milagre, uma existência que é uma vida moral e espiritual com tal intensidade e pureza que nenhum ser humano pode fazê-lo — somente Jesus Cristo. Ele quer que o seu Espírito venha a seu povo. Esse sopro, essa incursão vinda de cima, afeta--nos mental, moral e espiritualmente.

Que tal um preparo para a atuação de Deus entre nós pelo seu Espírito?

Acredito que seria bom para nós se parássemos todas as nossas atividades, nos aquietássemos, adorássemos a Deus e esperássemos nele. Não ganho popularidade quando lembro a vocês que somos um bando de carnais, no entanto é verdade que o corpo de Cristo é carnal. O povo do Senhor deveria ser santo, puro e limpo, mas somos uma multidão carnal. Somos carnais em nossas atitudes, em nossos gostos, e carnais em muitas coisas. Nossos jovens, muitas vezes, não são reverentes nos cultos cristãos. Degradamos tanto nossos gostos religiosos que o culto cristão é, em grande parte, exibicionismo. Precisamos urgentemente de uma visitação divina — pois nossa situação nunca será curada por sermões. Ela nunca será curada até que a igreja de Cristo seja repentinamente confrontada com o que um homem chamou de o *mysterium tremendium* — o tremendo mistério que é Deus, a tremenda majestade que é Deus. Isto é o que o Espírito Santo faz. Ele traz o maravilhoso mistério que é Deus para nós e o apresenta ao espírito humano. Somos confrontados com isso e a irreverência vai embora, assim como a carnalidade, os gostos religiosos degradados, todas essas coisas; e a alma, emudecida, estremece interiormente até às fibras do seu ser. O Espírito Santo nos concede uma bem-aventurança incomparável.

Nunca saberemos mais sobre Deus do que o Espírito nos ensinar. Nunca saberemos mais sobre Jesus do que o Espírito nos ensinar, porque só o Espírito ensina. Ó Espírito Santo, como te entristecemos! Como te insultamos! Como te rejeitamos!

Ele é nosso Mestre, e se Ele não nos ensinar, nunca poderemos compreender. Ele é nosso Iluminador, e se Ele não acender a luz, nunca poderemos ver. Ele é quem cura nossos ouvidos surdos, e se Ele não tocar nossos ouvidos, nunca poderemos escutar. As igrejas podem funcionar por semanas, meses e anos sem saber nada sobre isso ou sem que o Espírito do Deus vivo caia sobre elas. Oh, meu coração, aquiete-se diante dele, prostre-se, adore-o interiormente!

Esta, então, é a notícia que tenho para você — Deus está presente. O Pentecostes significa que Ele veio à humanidade para se dar ao homem, para que o homem pudesse respirá-lo como respira o ar, para que Ele pudesse encher os homens. O Dr. Albert Benjamin Simpson usou uma ilustração que foi praticamente a melhor que eu já escutei. Ele afirmou: "Estar cheio da plenitude de Deus é como uma garrafa no oceano. Você tira a rolha da garrafa e a afunda no oceano, e a garrafa fica completamente cheia de oceano. A garrafa está no oceano e o oceano está na garrafa. O oceano contém a garrafa, mas a garrafa contém apenas um pouco do oceano. Assim é com um cristão".

Somos cheios até a plenitude de Deus, mas, é claro, não podemos conter tudo de Deus porque Deus nos contém; mas podemos ter tudo de Deus que pudermos conter. Se soubéssemos, poderíamos aumentar nossa vasilha. A vasilha fica maior à medida que avançamos com Deus. Deus está entre nós. Se uma celebridade visitasse nossas igrejas, os recepcionistas não saberiam o que fazer com todas as pessoas. Digo-lhes que temos uma celebridade em nosso meio: "De repente, veio [...]. Todos ficaram cheios do Espírito Santo" (Atos 2:2-4). Deus desceu entre nós e veio para ficar — não para vir e ir, mas para vir e ficar! Oh, que vergonha ignorarmos a presença da realeza! Temos uma realeza mais elevada do que a terrena — temos o Senhor dos senhores e o Rei dos reis — temos o bendito Espírito Santo presente, e o tratamos como se Ele não estivesse presente.

Nós o resistimos, o desobedecemos, o apagamos e fazemos transigências em nosso coração. Escutamos um sermão sobre Ele e decidimos aprender mais e fazer algo a respeito. Nossa convicção desaparece e logo voltamos ao mesmo velho nível de morte no qual estávamos antes. Resistimos ao bendito Consolador. Ele veio para confortar. Ele veio para ensinar. Ele é o Espírito de instrução. Ele trouxe luz, pois Ele é o Espírito de luz. Ele trouxe pureza, pois é o Espírito de santidade. Ele vem trazer poder, pois é o Espírito de poder.

Ele vem trazer essas bênçãos ao nosso coração e deseja que tenhamos esse tipo de experiência. Deus fará isso pelas pessoas. Ele não pergunta nosso histórico denominacional. Ele não pergunta se somos arminianos ou calvinistas. Ele não pede nada, exceto que estejamos dispostos a obedecer, a ouvir e a parar de desobedecer.

Você está disposto a parar de apagar o Espírito?

Você está disposto a parar de resistir ao Espírito?

Ele só pede que você levante as mãos em sinal de entrega e diga: "Acredito que Deus está presente". Respire o Espírito Santo e deixe que Ele venha e encha sua vida.

É isso! Talvez não soe tão dramático e colorido quanto lhe foi ensinado que as coisas deveriam ser, mas aqui está! O Espírito Santo veio, e Ele ainda está aqui.

Tudo o que Ele quer é que nos rendamos, obedeçamos, abramos o coração, e Ele entra depressa, e então nossa vida é mudada e transformada.

5

O preenchimento prometido do Espírito Santo: *instantaneamente, não gradualmente*

Ora, nós somos testemunhas destes fatos, e bem assim o Espírito Santo, que Deus outorgou aos que lhe obedecem.

Atos 5:32

Ora se vós, que sois maus, sabeis dar boas dádivas aos vossos filhos, quanto mais o Pai celestial dará o Espírito Santo àqueles que lho pedirem?

Lucas 11:13

Quero apenas saber isto de vós: recebestes o Espírito pelas obras da lei ou pela pregação da fé? Sois assim insensatos que, tendo começado no Espírito, estejais, agora, vos aperfeiçoando na carne?

GÁLATAS 3:2-3

ESBOÇO

INTRODUÇÃO

Nas Escrituras e na história da igreja, as pessoas cheias do Espírito sempre souberam que estavam cheias dele. Houve um ato instantâneo — não um preenchimento gradual. Todo crente tem o privilégio de ser cheio do Espírito de Deus por ter sido comprado pelo sangue de Cristo, e não há nada sobre a vida cheia do Espírito que seja anormal, estranho ou esquisito. Mas Satanás se opôs à doutrina da vida cheia do Espírito amargamente, e tenta impedir que os crentes resolvam as questões básicas:

1. *Você deve ter certeza, ao ponto da convicção, de que pode ser cheio do Espírito.*

2. *Você deve ter certeza de que seu desejo será satisfeito.*

3. *Você deve ter certeza de que deseja ser completamente possuído pelo Espírito que habita em você.*

   a. O Espírito esperará obediência à Palavra de Deus.

   b. Para que Ele permaneça em você, o Espírito não tolerará os pecados do "eu".

4. *Você deve ter certeza de que precisa ser cheio do Espírito.*

   a. Virá um tempo de ansiedade e perturbação.

   b. Não vai haver alegria cristã genuína.

   c. Solidão pela falta de Deus.

   d. Nenhuma dessas experiências "ganha" o Espírito — Ele é um dom.

5. *A conclusão: Como ser cheio do Espírito de Deus.*

   a. Apresente-se como um vaso.

   b. Peça a Deus.

   c. Você precisa obedecer de forma voluntária.

   d. Você precisa ter fé em Deus.

   e. A doce fragrância do óleo da unção.

HÁ MUITAS PESSOAS EM NOSSAS igrejas que gostariam de pensar que estão cheias do Espírito Santo, embora não saibam disso.

Isso é uma coisa muito chocante, e tenho certeza de que essa é uma das atitudes pelas quais Satanás se opõe à doutrina da genuína vida cheia do Espírito. E, no entanto, nosso povo não quer escutar muito sobre esse assunto.

Deixe-me dizer que não encontro no Antigo Testamento, nem no Novo, nem na biografia cristã, na história da igreja ou em testemunhos cristãos pessoais a experiência de qualquer pessoa que estivesse cheia do Espírito Santo e não soubesse disso.

Posso ser dogmático sobre o assunto com base num estudo profundo: ninguém jamais foi cheio do Espírito Santo sem saber que estava cheio dele.

Além disso, nenhuma das pessoas da Bíblia e nenhuma que eu possa encontrar na história ou na biografia da igreja jamais foi cheia do Espírito Santo sem saber quando isso havia ocorrido. Não consigo achar alguém que tenha sido preenchido pelo Espírito de maneira gradual.

Agora, como eu disse, Satanás se opõe amargamente à doutrina da vida cheia do Espírito. Ele a confundiu, opôs-se a ela, cercou-a de falsas noções e medos. O diabo sabe que, se apenas dissermos que queremos ser preenchidos gradualmente, ele não terá mais preocupações conosco — porque esse processo é muito lento. Talvez você encoraje a si mesmo: "Bem, estou um pouco mais cheio hoje do que estava ontem", ou pelo menos: "Estou um pouco mais cheio este ano do que no ano passado".

Este é um lugar para criaturas carnais se esconderem. É um lugar para os membros carnais da igreja se esconderem. Nas Escrituras, o preenchimento nunca ocorreu de modo progressivo. A Bíblia diz que o Espírito Santo desceu sobre eles, veio sobre eles, enchendo-os — foi um ato instantâneo.

Talvez você diga: "Bem, vou ser preenchido de forma gradual!".

Eu respondo, meu irmão, que você não será. Ou você será cheio do Espírito em um ato pontual ou não o será de forma alguma — tenha certeza disso!

Devemos ser muito claros no ensino de que Satanás bloqueou todos os esforços da igreja de Cristo para receber do Pai o patrimônio, comprado com sangue, de que o Espírito Santo deveria encher sua igreja e os indivíduos que a compõem.

Se realmente quisermos continuar seguindo o Senhor, seremos levados à conclusão de que era seu plano, e parte da aquisição do sangue de Cristo, que o Espírito enchesse todo aquele que usa o nome de Jesus. Não há nada na vida cheia do Espírito que seja anormal, inusitado, estranho ou esquisito. Na verdade, essa é a forma de vida que Deus espera dos cristãos.

Mas existem algumas questões que precisam ser resolvidas em nosso próprio ser antes que possamos passar para a questão de como ser cheio do Espírito de Deus.

Esta é a primeira: antes de ser cheio do Espírito, você deve ter certeza, e até convicção, de que pode ser preenchido.

Se você tem alguma dúvida, se alguém colocou uma questão doutrinária em sua mente e deixou a impressão de que você já recebeu tudo o que Deus tem para você no dia em que recebeu Cristo como seu Salvador, você nunca chegará à plenitude.

Agora, devo dizer que acredito no realismo — na realidade nua e crua. Nem todos os que me escutam chegarão à plenitude do Espírito. Alguns experimentarão essa plenitude, pois, de vez em quando, alguém vem com o rosto radiante e diz: "Bem, aconteceu! Deus realizou a obra". A partir deste momento, essa vida é mudada. Cristãos cheios do Espírito são pessoas transformadas.

A menos que você esteja convencido disso, recomendo que ainda não faça nada. Prefiro que medite nas Escrituras, leia a Palavra e veja por si mesmo o que Deus, o Senhor, falou.

Então, esta é a segunda questão a ser resolvida: você deve ter certeza de que deseja ser cheio do Espírito. Alguém dirá: "Mas todos não desejam ser cheios do Espírito?". E a resposta é: não. Suponho que muitas pessoas desejem ser cheias do Espírito, mas poucas desejam que o Espírito as encha. Quero declarar, com responsabilidade, que, antes de o Espírito enchê--lo, você precisa desejar isso, e algumas pessoas não desejam.

Você tem certeza, por exemplo, de que deseja ser possuído por um espírito? Você já escutou falar de possessão espiritual, tenho certeza, mas há dois tipos de possessão espiritual. Existe a possessão por espíritos malignos, pela qual uma personalidade humana pode ser completamente submergida, como nos dias de Jesus, tornando-se imunda, muda ou má. Jesus expulsou espíritos como esses — mas eles eram espíritos, e tinham personalidade humana.

Está claro nas Escrituras que o gentil e bom Espírito Santo quer nos encher e nos possuir se formos cristãos. Este Espírito é como Jesus. Você quer ser possuído por um Espírito que é como Jesus — puro, gentil, são, sábio e amoroso? É exatamente assim que Ele é.

O Espírito Santo é puro, pois Ele é o Espírito Santo. Ele é sábio, pois é o Espírito de sabedoria. Ele é verdadeiro, pois é o Espírito da verdade. Ele é como Jesus, pois é o Espírito de Cristo. Ele é como o Pai, pois é o

Espírito do Pai. Ele deseja ser o Senhor da sua vida, e quer possuí-lo para que você não esteja mais no comando da pequena embarcação na qual navega. Você pode ser um passageiro a bordo ou um dos tripulantes, mas, definitivamente, não está no comando. Outra pessoa é que está no comando da embarcação.

Agora, a razão pela qual nos opomos a isso é que nascemos da carne corrompida de Adão. Queremos mandar em nossa própria vida. Por isso pergunto: Você tem certeza de que quer ser possuído pelo bendito Espírito do Pai e do Filho? Você está pronto e disposto a permitir que sua personalidade seja dominada por alguém que é assim?

Ele esperará obediência à Palavra escrita de Deus. Mas nosso problema humano é que gostaríamos de ser cheios do Espírito e, ainda assim, continuar a fazer o que nos agrada. O Espírito Santo, que inspirou as Escrituras, espera obediência a essas mesmas Escrituras e, se não as obedecermos, nós estaremos apagando o Espírito. Ele quer obediência, mas as pessoas não querem obedecer o Senhor. Todo mundo é tão cheio do Espírito quanto quer ser. Cada um tem tanto de Deus quanto deseja ter. Há um impulso fugitivo que nos vem, apesar daquilo que pedimos quando oramos em público, ou mesmo em particular. Queremos a emoção de estar cheios, mas não queremos cumprir as condições. Simplesmente não queremos ser cheios do Espírito o suficiente para que Ele nos encha. Usemos Cadillac para uma ilustração. Aqui está o irmão Jones, que adoraria dirigir um Cadillac. Mas ele não vai comprar um, e lhe explicarei por quê: ele não quer tanto ter um Cadillac a ponto de se dispor a pagar por ele. Ele quer o carro, mas não com esse tipo de desejo; então, continuará dirigindo o velho Chevrolet. Nós queremos ser cheios do Espírito, mas não com esse tipo de desejo extremo. Então, contentamo-nos com menos. Dizemos: "Senhor, eu gostaria de ser cheio do Espírito. Seria maravilhoso!", mas não estamos dispostos a seguir em frente e a cumprir suas condições. Não queremos pagar o preço. O Espírito Santo esperará obediência à Palavra de Deus.

Além disso, o Espírito Santo também não tolerará os pecados do "eu".

Quais são os pecados do "eu"? Comece com o amor ao "eu", e a maioria de nós precisa confessar que o cultivamos. Vamos à escola e aprendemos a nos vestir e a nos exibir. Deus, o Espírito Santo, nunca permitirá que um cristão cheio do Espírito seja assim. Ele é o Espírito que traz humildade ao coração, e essa humildade estará em evidência; do contrário, nós o estaremos apagando e entristecendo.

Há também o pecado da confiança no "eu".

Temos certeza de que podemos nos sair muito bem com as próprias forças, e o Espírito Santo desejará destruir esse tipo de autodependência. Você pode ser um empresário cristão, tomando todas as decisões, comprando e vendendo em grandes quantidades. Em casa, administra o lar e a família. Mas há uma coisa que você não controlará, irmão — você não controlará sua própria vida depois que o Espírito Santo receber o controle. Você desiste do controle, e o Espírito Santo guia, dirige e controla sua vida, da mesma forma que você administra seu negócio. Você não será capaz de dar ordens ao Espírito Santo. Este é o nosso problema — somos ditadores, cheios de autoconfiança.

Precisamos ser lembrados de que também somos cheios de justiça própria.

Não é chocante que os cristãos continuem contando mentiras a Deus frequentemente? Não dizemos: "Ó Deus, sou um verme e não um homem"? Não nos ajoelhamos e dizemos: "Ó Senhor, não há nada de bom em mim"? Mas, se alguém nos chamasse de mentiroso, nosso rosto ficaria pálido e diríamos: "O que você quer dizer?". Dizemos que somos maus, mas não acreditamos realmente nisso.

Deus quer tirar tudo isso de nós, meu amigo. Ele quer tirar a justiça de Adão de nós e substituí-la por outro tipo de justiça.

O PREENCHIMENTO PROMETIDO DO ESPÍRITO SANTO | 103

Ele gostaria de tirar de nosso ser a justiça própria e todos os outros pecados do "eu", como satisfação e engrandecimento próprios. Você precisa ter certeza, dentro de si mesmo, de que deseja ser tratado dessa maneira. Você tem certeza de que deseja ser preenchido e possuído por esse tipo de Espírito? Se você não deseja ser, é claro que não poderá ser. Deus, por meio de seu Espírito Santo, agirá como um cavalheiro — Ele não entrará onde não for desejado.

Mais uma vez, você quer ser cheio do Espírito a ponto de se dispor a se opor aos caminhos fáceis e desonestos do mundo e a viver a difícil vida de um cristão? Deus requererá o seu testemunho somente para Ele. Ele tirará totalmente de você a direção de sua vida e se reservará ao direito de testá-lo, discipliná-lo e despojá-lo de muitas das coisas que você ama.

Ele insistirá em total honestidade se você quiser ser cheio do Espírito Santo. Pode um irmão cristão reduzir seu imposto de renda, depois sorrir e pensar que se safou de alguma coisa? Não, meu irmão, você não se safou de nada — você está apenas vazando: seu espírito e sua alma estão vazando. Colocamos as coisas em sacolas com buracos e elas vazam. O Espírito Santo não permitirá negócios tortuosos e não permitirá economias que são fruto de trapaça.

Ele também insistirá que acabaram seus dias de se gabar e de se exibir. Deus nunca permitiu que eu me gabasse por um convertido — aqueles de quem eu me vangloriava sempre se desviavam, até onde me lembro. Cada vez que me gabava de uma multidão que me escutava, ela sempre diminuía. Agora eu agradeço a Deus por isso, porque se eu começar a me exibir um pouquinho, o Senhor já me derruba, e é exatamente assim que eu quero que continue.

Agora, deixe-me alertá-lo sobre a filosofia que circula nos meios cristãos e que diz: "Eu tenho Deus e tudo isso também". Nesta civilização ocidental abastada, muitos são ricos e prósperos. Eles não sabem realmente o que é ser pobre e não sabem o que é sofrer. Mas descubro, no Novo Testamento, que os crentes tinham Deus — e geralmente não tinham muitas coisas mais. Frequentemente, precisavam se desfazer do que tinham por causa de Cristo. Na igreja primitiva, nossos pais sabiam o que era sofrer e perder coisas. Eles pagavam o preço, mas nós nos recusamos a fazê-lo.

Lemos livros sobre o assunto de ser cheio do Espírito, mas não cumprimos as condições. Estamos tão cheios quanto queremos estar. As Escrituras dizem: "Bem-aventurados os que têm fome e sede [...] porque serão fartos". Ora, se há um homem, em algum lugar, que está faminto por Deus e não é saciado, então a Palavra de Deus é falha. Estamos tão cheios quanto queremos estar.

Há outro assunto que deve ser resolvido: você deve ter certeza de que precisa ser preenchido pelo Espírito. Por que você se interessa por este assunto? Você recebeu Jesus, converteu-se e seus pecados foram perdoados. Você fez um curso de Novo Testamento em algum lugar. Você sabe que tem a vida eterna e que ninguém pode arrancá-lo das mãos de Deus. Enquanto isso, seu caminho para o céu está sendo uma maravilha. Tem certeza de que não conseguirá se dar bem do jeito que está? Você sente que simplesmente não consegue continuar resistindo ao desânimo? Você sente que não consegue obedecer às Escrituras, entender a verdade, produzir frutos e viver em vitória sem uma medida maior do Espírito Santo do que a que conhece agora?

Se você não chegou a esse ponto, não sei se há muito que eu possa fazer. Eu queria poder. Eu gostaria de poder tirar o topo de sua cabeça e derramar o óleo sagrado de Deus dentro de você, mas não posso. Só posso fazer o que João Batista fez quando apontou para Jesus e declarou: "Eis o Cordeiro de Deus, que tira o pecado do mundo". Então João desapareceu de cena. Depois disso, cada um ficou por conta própria. Cada um tinha que ir por si mesmo ao Senhor Jesus Cristo e receber ajuda dele.

Nenhum homem pode me preencher e nenhum homem pode preencher você. Podemos orar um pelo outro, mas não posso preenchê-lo, e você não pode me preencher. Esse desejo de ser preenchido deve se tornar totalmente absorvente em sua vida. Se houver algo em sua vida maior do que o desejo de ser um cristão cheio do Espírito, você nunca será um cristão cheio do Espírito até que isso seja curado. Se houver algo em sua vida que exija mais de você do que seu anseio por Deus, então você nunca será um cristão cheio do Espírito.

Eu conheci cristãos que desejam ser preenchidos, de uma forma vaga, há muitos anos. A razão pela qual eles não foram cheios do Espírito é porque têm outras coisas que desejam mais. Deus não entra apressadamente no coração humano a menos que Ele saiba que é a resposta e a realização do maior e mais poderoso desejo daquela vida.

Agora, bem aqui, consideremos o fato de que ninguém jamais foi cheio do Espírito sem antes passar por um momento de perturbação e de ansiedade. Podemos verificar isso examinando os relatos bíblicos, os tempos pós-bíblicos, a história da igreja e os relatos biográficos de experiências pessoais de muitos cristãos. Acredito que eles concordariam que ninguém jamais foi cheio do Espírito sem primeiro passar por um momento de perturbação e de ansiedade.

O povo do Senhor é como as criancinhas — simplesmente querem ser felizes. Querem que o Senhor lhes dê um chocalho e os deixe tagarelar, rir e ser felizes.

Elas serão felizes a despeito de qualquer coisa, mas os filhinhos felizes do Senhor raramente ficam cheios do Espírito Santo. Deus não pode preenchê-los porque eles não estão prontos para morrer para as coisas nas quais colocaram seu apreço. Deus quer que seus filhos tenham alegria, mas essa não é a felicidade barata da carne; é a alegria de um Cristo ressurreto.

Provavelmente é verdade, em geral, que qualquer cristão que não foi cheio do Espírito desde a conversão não tem uma alegria cristã genuína. Eu sei que esta foi a minha experiência. Tive muitos sentimentos de alegria quando me converti. Eu era um cristão feliz. Mas se esse é o tipo de felicidade que é meio carnal, que é só um sentimento animal, e Deus desejará livrá-lo disso. Ser cheio do Espírito de Deus é ter sobrevivido a sentimentos, perturbações, ansiedade, desapontamento e vazio. Quando você chega a esse ponto de desespero, quando você já foi até a última pessoa e escreveu para o último editor, seguiu o último evangelista que havia por perto e foi atrás da última pessoa para aconselhá-lo — quando ninguém mais puder ajudá-lo e você estiver em um estado de desespero —, é aí que você reconhecerá que está próximo do ponto em que Deus poderá finalmente fazer o que Ele deseja fazer por você. Quando vier aquele desespero com o "eu", aquele esvaziamento de si mesmo e aquela solidão interior, então você estará chegando perto.

É parte da minha crença que Deus quer nos levar a um ponto em que ainda seríamos felizes se tivéssemos apenas Ele! Não precisamos de Deus e mais alguma coisa. Deus nos dá a si mesmo e nos permite ter outras coisas também, mas haverá aquela solidão até chegarmos ao ponto em que é somente Deus que desejamos.

A maioria de nós é sociável demais para ter solidão. Quando nos sentimos solitários, corremos ao telefone e ligamos para a senhora Tagarela. Então gastamos trinta minutos e os pãezinhos se queimam no forno. Muitos só sabem falar, falar, falar, e corremos em busca de convívio social porque não suportamos ficar sozinhos.

Se você continuar conhecendo o Senhor, chegará um momento em sua vida cristã em que a senhora Tagarela será uma peste em vez de um consolo. Ela não poderá ajudá-lo em nada. Não haverá nada que ela possa fazer por você. É a solidão por falta de Deus — você desejará tanto a Deus, que se sentirá miserável. Isso significa que você está chegando perto, amigo. Você está perto do reino e, se continuar, encontrará a Deus. Deus o acolherá e o preencherá, e Ele fará isso de sua própria maneira bendita e maravilhosa.

Agora, observe que essa perturbação, ansiedade, desapontamento e escuridão não "obtêm" o Espírito Santo para ninguém. O Espírito Santo é uma dádiva — uma dádiva do Pai para os filhos. Ele é um presente vindo do lado ferido de Jesus para seus filhos.

Esse desespero e ansiedade não obtêm o Espírito para você — o que eles fazem é romper a resistência do seu coração e esvaziar o vaso humano. Você não pode estar cheio a menos que primeiro se esvazie. A ansiedade e o desespero vêm porque você já está cheio de muitas outras coisas. Ao se esvaziar, o bendito Espírito Santo tem a oportunidade de entrar. Moody costumava pegar um copo vazio, enchê-lo com água e perguntar: "Agora, como posso encher este copo com leite?". Ele despejava a água em outro recipiente, como uma lição prática, pois é preciso haver um esvaziamento e um desapego dos interesses menores da vida.

Como pregador, estarei exigindo demais se afirmar que a maioria de nós se preocupa excessivamente com as pequenas coisas desta vida? Estamos ocupados ganhando a vida para podermos morrer de problemas na vesícula biliar ou ter um ataque cardíaco. Precisamos correr para manter as vendas em alta e os negócios em andamento. Somos cristãos, você sabe, então só queremos que o Senhor esteja com a carruagem pronta enquanto nos matamos muito antes do tempo, e quando morrermos o Senhor nos levará para casa, no céu. Assim pensamos!

Irmãos, isso é muito difícil? Exijo muito? Acho que não, pois provavelmente sou frio em comparação com o que deveria ser. Não sou tão exigente quanto Finney,

John Wesley ou muitos dos grandes pregadores cujos apelos Deus abençoou e honrou.

Bem, essas são condições que devem ser atendidas e realmente fazem parte da resposta à pergunta de muitos: "Como posso ser repleto do Espírito Santo de Deus?"

Vou dar a vocês quatro passagens da Bíblia sobre como ser cheio do Espírito, e um arcanjo do céu não poderia fazer melhor do que lhes dar a Bíblia e dizer: "Creiam na Palavra de Deus!".

A primeira coisa é: você precisa se apresentar como um vaso.

Romanos 12:1-2. Vocês sabem o que diz. "Rogo-vos, pois, irmãos, pela misericórdia de Deus, que apresenteis o vosso corpo por sacrifício vivo, santo e agradável a Deus, que é o vosso culto racional. E não vos conformeis com este século, mas transformai-vos pela renovação da vossa mente, para que experimenteis qual seja a boa, agradável e perfeita vontade de Deus".

"Apresenteis o vosso corpo" — isto é, apresentem-se como um vaso. Isso deve vir primeiro. Um vaso que não foi apresentado, não pode ser enchido. Deus não pode encher o que não entregamos a Ele. Apresentem-se como um vaso.

Acho que Deus quer que sejamos inteligentes. Ele quer que venhamos a Ele. Se vocês estivessem na fila do alimento em algum país pobre, e ficassem para trás e não apresentassem sua vasilha, não obteriam leite. E se não apresentassem o prato ou a cesta, não ganhariam pão.

Se vocês não apresentarem sua personalidade, não obterão a plenitude do Espírito de Deus.

Vocês estão prontos para apresentar seu corpo com todas as funções e tudo o que ele contém — sua mente, personalidade, espírito, amor, ambições, tudo o que vocês têm? Esta é a primeira coisa. Pode ser um ato simples — apresentar o corpo. Vocês estão dispostos a fazer isso?

Agora, a segunda coisa é esta: Depois de se apresentarem como um vaso, vocês precisam pedir!

Lucas 11:11-13. Aqui Jesus disse: "Se o filho lhe pedir pão, lhe dará uma pedra? Ou se pedir um peixe, lhe dará em lugar de peixe uma cobra? Ou, se lhe pedir um ovo lhe dará um escorpião?".

A resposta, é claro, para cada uma dessas perguntas é "não!". Então, Jesus conclui: "Ora, se vós, que sois maus, sabeis dar boas dádivas a vossos filhos, quanto mais o Pai celestial dará o Espírito Santo àqueles que lho pedirem?". Em todo o mundo, o povo de Deus aproveita esta graciosa oferta. Os cristãos acreditaram nele — eles pediram e ficaram cheios do Espírito. Quanto mais o Espírito Santo será dado àqueles que pedem a Deus; então, peçam-no. Primeiro, vocês se apresentam como um vaso e depois vocês pedem. Isso é perfeitamente lógico e perfeitamente claro. Eu deixo de lado todas as objeções teológicas a este texto. Dizem que isso não é para hoje.

Quero apenas perguntar a essas pessoas por que o Senhor nos deixou essa promessa na Bíblia. Por que Ele não a colocou em outro lugar? Por que Ele a colocou onde eu a pudesse ver se Ele não queria que eu acreditasse nela? Oh, é tudo para nós, e se o Senhor quisesse, Ele poderia nos dar essa promessa sem que a pedíssemos, mas Ele prefere que peçamos. "Pede-me e eu lhe darei" é sempre a condição de Deus. Então, por que não pedir?

O terceiro passo importante é este: deve haver obediência voluntária. Atos 5:32 confirma essa verdade: "nós somos testemunhas destes fatos, e bem assim o Espírito Santo, que Deus lhe outorgou aos que lhe obedecem".

O Espírito de Deus não pode abençoar a um filho desobediente. O Pai não pode encher um filho desobediente com o Espírito Santo. Deus dá o Espírito Santo para aqueles que lhe obedecem — aqueles que são obedientes à Palavra, obedientes ao Espírito, obedientes ao Senhor Ressuscitado. Vocês estão prontos para obedecer e fazer o que lhes é solicitado? O que seria isso? Simplesmente, viver de acordo com a Bíblia como vocês a entendem — é algo simples, mas revolucionário.

A quarta coisa, é claro, é esta: ter fé em Deus.

O PREENCHIMENTO PROMETIDO DO ESPÍRITO SANTO | 113

Nosso texto é Gálatas 3:2-3: "Quero apenas saber isto de vós: recebestes o Espírito pelas obras da lei ou pela pregação da fé?".

Agora, a resposta é, naturalmente, pela pregação da fé. Ele disse: "Sois assim insensatos que, tendo começado no Espírito, estejais, agora, vos aperfeiçoando na carne?". Vocês não são cheios do Espírito Santo pela guarda da lei. A plenitude do Espírito vem pela fé e pela obediência ao Senhor. Estou falando sobre o fato de Ele vir e possuir todo o corpo, mente, vida e ser, tomando posse de toda a personalidade e tornando-a sua, de maneira direta, mas gentil, de modo que possamos nos tornar habitação de Deus pelo Espírito.

Agora, vamos resumir o que dissemos. Todo cristão tem uma medida do Espírito Santo, e não deixe que ninguém o convença a pensar de outra forma. Se alguém tem o Espírito de Cristo, esse tal não é dele; portanto, Ele nos deu uma garantia do Espírito Santo.

Consideremos o preenchimento, a plenitude e a unção do Espírito Santo. A palavra "unção" é o que quero enfatizar neste ponto. A unção não é algo gradual. "Unção" é uma palavra do Antigo Testamento e um ato realizado ao derramar óleo sobre a cabeça de uma pessoa. Quando derramavam óleo na cabeça de um homem, não era um processo gradual; quando faziam isso, viravam a vasilha e despejavam o óleo, e ele escorria até a orla da veste. Todos, no entorno de aproximadamente 500 metros, sabiam que o óleo havia sido derramado sobre ele por que era óleo que continha olíbano, mirra, aloés, cássia e canela. Ele perfumava tudo ao redor com uma bela fragrância, e isso não acontecia de forma gradual. Acontecia instantaneamente. Nosso problema é que não queremos passar pela experiência de ser cheios do Espírito. Queremos ser abençoados, ir para o céu, usar uma coroa e governar sobre cinco cidades. Não queremos chegar àquele lugar no qual o Senhor nos derruba e nos impulsiona. Não queremos isso! É por esse motivo que, hoje em dia, somos pessoas fracas. O povo do Senhor quer que toda parte de morrer fique com Jesus, e que eles fiquem com a parte de rir.

Talvez nossa maior vergonha seja não querer saber o que a cruz realmente significa.

"Ó cruz, que me ergues a cabeça,
Não ouso me afastar de ti.
Da vida, a glória lanço ao pó
E, do chão, vermelha, brota a vida
Que eterna será."

(Estrofe do hino *The Love That Will Not Let Me Go* [O amor que não me deixa partir])

6

A vida da igreja no Espírito Santo: *frutífera, feliz e abençoada*

E eis que envio sobre vós a promessa de meu Pai; permanecei, pois, na cidade, até que do alto sejais revestidos de poder.

Lucas 24:49

Porque João, na verdade, batizou com água, mas vós sereis batizados com o Espírito Santo, não muito depois destes dias.

Atos 1:5

ESBOÇO

INTRODUÇÃO

Os crentes individuais que compõem a membresia de igrejas cristãs evangélicas não deveriam levar vidas frutíferas e felizes cheias do Espírito? A Bíblia precisa ser nossa autoridade na consideração da pessoa e da obra do Espírito Santo. Eloquência na apresentação não é suficiente.

Se o povo do Senhor tivesse apenas metade do desejo de ser cheio do Espírito em relação ao que tem de provar que isso não é possível, as igrejas estariam superlotadas. A Bíblia indica que Deus nunca sonhou com seu povo à parte do Espírito Santo.

1. *Deus fez promessas sobre a vinda do Espírito Santo.*
   a. Isaías e Joel — "Que se derrame sobre nós o Espírito lá do alto" (Isaías 32:15).
   b. Jesus chamou essas profecias de "plenitude" do Pai (João 1:16).

c. Jesus disse: "Eis que envio sobre vós a promessa de meu Pai" (Lucas 24:49).

2. *Os três períodos relativos ao Espírito Santo e à igreja.*

   a. O Período da Promessa, de João Batista à ressurreição de Cristo.

   b. O Período de Preparo, antes do Pentecostes.

   c. O Período de Realização. O Espírito Santo foi dado "de repente" no Dia de Pentecostes.

3. *Ensinamentos sobre o Espírito Santo que atrapalham o povo de Deus.*

   a. Porque o Pentecostes aconteceu, a igreja não precisa mais se preocupar com o Espírito Santo e com sua obra.

   b. O cristão individual não precisa se preocupar com essa promessa do Pai — aconteceu uma vez.

4. *Perguntas e respostas em relação a esses ensinos.*

   a. É verdade que a promessa do Pai era válida apenas para os cristãos do primeiro século?

   b. O novo nascimento no primeiro século torna desnecessário meu novo nascimento?

c. Você já viu alguém na igreja cristã, hoje, que recebeu, na conversão, o que Pedro recebeu no cenáculo?

d. A crença fundamental moderna é um cumprimento satisfatório da expectativa levantada pelo Pai em Cristo?

É MINHA ARGUMENTAÇÃO QUE OS crentes individuais que compõem a membresia de nossas igrejas cristãs evangélicas devem levar uma vida frutífera e feliz, cheia do Espírito.

Se você reservar o tempo necessário para pesquisar a Bíblia de maneira honesta e aberta, ficará convencido de que frutificação, alegria, paz, bênção e contentamento são partes integrantes do que o Espírito Santo espera proporcionar na vida rendida do cristão e por meio de dela.

Agora, sei que alguns dizem que confundo as pessoas sobre a bênção do Espírito Santo e, em resposta, saliento que, se o povo do Senhor tivesse apenas metade do desejo de ser cheio do Espírito em relação à vontade que tem de provar que não pode ser cheio do Espírito, a igreja ficaria lotada.

Nunca tentei levar as pessoas à obra de Deus meramente pela eloquência, pois se não ensino de acordo com a verdade encontrada na Bíblia, estou errado, por mais eloquente que tente ser.

Quanto a esses assuntos, porém, eu mesmo passei muito tempo meditando na Palavra de Deus e posso falar com bastante autoridade porque já passei por isso e sei do que estou falando. No entanto, eu jamais tentaria forçar um dos filhos de Deus a obter conhecimento ou experiência, porque descobri que tentamos forçar demais e cedo demais. Como resultado, só empurramos os filhos de Deus para fora do ninho precocemente e, em consequência disso, temos muitas deformidades estranhas em vez de santos. Eu não quero fazer isso.

Só posso ficar imaginando por que o povo cristão consegue seguir em frente sem se preocupar com o fato de que não possui as bênçãos e os dons prometidos por um amoroso Pai celestial.

Como cristão, minha vida e perspectiva, e a própria vida de minha igreja, não deveriam ser afetadas pela promessa do Deus Pai de que Ele daria o Espírito como um dom a seus filhos?

Em Lucas 11:13, tenho certeza de que Deus tinha em mente o amor que temos pelos filhos ao declarar: "Ora, se vós, que sois maus, sabeis dar boas dádivas a vossos filhos, quanto mais o Pai celestial dará o Espírito Santo àqueles que lho pedirem?". Ao fazer do Espírito a promessa do Pai, creio que Deus quis mostrar que não precisamos temer o Espírito Santo. Digo isso porque descobri que é muito difícil fazer os cristãos superarem o medo do Espírito Santo. Apenas se lembre de que Ele nos foi dado como um dom prometido pelo Pai. Se um homem promete ao filho uma linda bicicleta no Natal, o filho certamente nunca temerá a promessa feita por um pai que o ama e quer lhe proporcionar o melhor. Os membros da igreja redimida devem se unir em um vínculo de amor com o Espírito Santo. A verdade é que Deus nunca gerou sua igreja à parte do Espírito Santo. Devemos ser ungidos com o Espírito. Somos guiados pelo Espírito.

Somos ensinados pelo Espírito. O Espírito, então, é o meio, a solução divina, na qual Deus mantém sua igreja.

A Bíblia indica claramente que Deus nunca sonhou com seu povo à parte do Espírito Santo. Na verdade, Ele lhes fez muitas promessas com base na vinda do Espírito.

Observemos algumas das promessas feitas.

Em Isaías 32:15-17, Ele prometeu: "Até que se derrame sobre nós o Espírito lá do alto; então, o deserto se tornará em pomar, e o pomar será tido por bosque; o juízo habitará no deserto, e a justiça morará no pomar. O efeito da justiça será paz, e o fruto da justiça, repouso e segurança, para sempre".

Mais adiante, em Isaías 44:3, Ele garantiu: "Porque derramarei água sobre o sedento e torrentes, sobre a terra seca; derramarei o meu Espírito sobre a tua posteridade, e a minha bênção, sobre os teus descendentes".

A VIDA DA IGREJA NO ESPÍRITO SANTO | 121

Há também a passagem de Joel 2:28-29: "E acontecerá, depois, que derramarei o meu Espírito sobre toda a carne; vossos filhos e vossas filhas profetizarão, vossos velhos sonharão, e vossos jovens terão visões; até sobre os servos e sobre as servas derramarei o meu Espírito naqueles dias".

Ora, essas eram as palavras do Pai, e Jesus as interpretou e as chamou de "plenitude" do Pai (João 1:16?). Deixe-me dizer que sempre que você vir na Bíblia Jesus, nosso Senhor, interpretando o Antigo Testamento, atenha-se à interpretação dele. Não se apoie muito nas interpretações dos homens por que elas podem estar erradas. Nosso Senhor, o homem Cristo Jesus, nunca estava errado — e Ele chamou isso de a promessa do Pai.

Lembre-se de que, em Lucas 24:49, Jesus alertou: "Eis que envio sobre vós a promessa de meu Pai; permanecei, pois, na cidade, até que do alto sejais revestidos de poder". Agora, eu digo que Jesus interpretou isso ainda mais profundamente nos capítulos 14, 15 e 16 do Evangelho de João, quando Ele falou sobre o Espírito Santo e sua vinda à igreja.

Aqui devo salientar que, ao ler os evangelhos, o livro de Atos e as epístolas, podemos facilmente distinguir três períodos discerníveis com respeito ao Espírito Santo e à sua obra na igreja.

O primeiro é o que podemos chamar de período da promessa, desde o tempo de João Batista até a ressurreição de Cristo. Nesse período de três anos, os discípulos foram chamados, comissionados e ensinados na melhor escola bíblica do mundo, pois não há seminário na Terra que se iguale ao seminário em que Jesus foi todo o corpo docente. Eles não conseguiram um diploma que pudessem emoldurar e pendurar na parede, mas tinham um diploma dentro deles e amavam a Cristo, nosso Senhor. Eles o amaram em vida, o amaram morto e o amaram redivivo.

Naquele tempo, eles haviam recebido uma promessa. Jesus lhes havia dito e ensinado que viria a eles um novo tipo de vida até eles — não poética, não psíquica e não física.

Seria uma infusão vinda do alto. Seria algo que viria de fora do mundo que os cercava, de fora do seu ser, e penetraria no santo dos santos, nas profundezas de seu espírito. O Consolador viveria ali e os ensinaria, os guiaria e os tornaria santos, dando-lhes poder.

Jesus ensinou isso o tempo todo.

Ao se aproximar do fim da vida terrena, Ele intensificou esse ensinamento conforme revelado em João 14, 15 e 16. Ele lhes disse que viria um novo e superior tipo de vida, e lhes falou que seria uma infusão, um derramamento de energia espiritual. Então, Ele os deixou.

Você sabia que, se pudéssemos reunir hoje uma congregação de mente tão voltada para o espiritual como os discípulos eram antes de Pentecostes, sentiríamos que tínhamos uma igreja intensamente espiritual? Tornaríamos os líderes desse tipo de grupo bispos. Nós os elegeríamos para conselhos, escreveríamos as histórias de suas vidas e batizaríamos igrejas com seus nomes.

Mas, naquele período de promessa, os discípulos apenas estavam se preparando. Eles ainda não haviam recebido a promessa. Jesus estava criando uma expectativa dentro deles.

O segundo período delineado é o período de preparo. Em certa medida, eles estavam sendo preparados enquanto Jesus estava com eles, mas, depois que Ele se foi, eles realmente começaram a se preparar. Eles pararam suas atividades, e esta é uma das grandes lições para nós em nossa época agitada.

Acho que somos o bando de castores ansiosos mais ocupado já visto no mundo religioso. A ideia parece ser que, se não corrermos em círculos, respirando fundo, não agradamos a Deus.

Quando Jesus ordenou: "Ide por todo o mundo e pregai a toda criatura", Pedro provavelmente se levantou e, sem dúvida, pegou o chapéu ao sair. Ele queria cumprir a missão imediatamente.

Mas o Senhor disse: "Pedro, volte e permaneça na cidade de Jerusalém até que do alto vocês sejam revestidos de poder".

Escutei um líder cristão alertar que experimentamos uma onda de amadorismo nos círculos cristãos. O cristianismo foi se nivelando excessivamente por baixo. Somos leves como borboletas — embora voemos, voemos, voemos ao sol e imaginemos que somos águias batendo largas asas.

Às vezes, penso que a igreja estaria bem melhor se suspendêssemos as atividades por cerca de seis semanas e apenas esperássemos em Deus para ver o que Ele deseja fazer por nós. Isso foi o que eles fizeram antes do Pentecostes. Gastamos tempo orando para que o Espírito Santo nos una, mas no Pentecostes o Espírito de Deus veio sobre os discípulos porque eles já estavam unidos — "estavam todos concordemente no mesmo lugar" (Atos 2:1).

Muitos tentam trabalhar para Deus quando realmente não estão preparados para trabalhar. É preciso haver algum preparo, alguma disposição para se aprontar. Acho que muitas vezes cometemos erros com nossos recém-convertidos. Não pensamos em pegar um de nossos bebês em Cristo, colocar um monte de folhetos em suas mãos e dizer: "Agora, rapaz, se mexa!". Talvez não devêssemos esquecer que no Antigo Testamento os sacerdotes a serviço de Deus nasciam sacerdotes, mas tinham que ser ungidos antes de poderem servir. Não apenas sangue era colocado em suas orelhas, nos polegares e dedos dos pés, mas depois, também, era colocado óleo perfumado, que é um tipo do Espírito Santo.

O terceiro período indicado foi o período de realização, e leio que o Espírito Santo veio sobre eles repentinamente.

Observei que a expressão "de repente", encontrada no livro de Atos, ocorre frequentemente em alguns lugares das Escrituras.

"De repente, veio do céu um som, como de um vento impetuoso, e encheu toda a casa onde estavam assentados." Eu tenho que sorrir para mim mesmo por causa dessa palavra "de repente". O povo de Deus em nossos dias tem tanto medo das implicações da expressão "de repente".

A maioria de nós, na igreja, deseja que as coisas aconteçam gradualmente, um pouco de cada vez — lentamente, não de repente. Todos se dispõem a estar cheios do Espírito Santo, desde que Deus o faça com muito cuidado, lentamente, e não os embarace ou assuste.

As Escrituras dizem que "de repente [...] ficaram cheios do Espírito Santo" (Atos 2:2,4). As Escrituras também declaram que "subitamente, apareceu com o anjo uma multidão da milícia celestial" (Lucas 2:13).

É incrível que encontremos essa palavra "de repente" sempre que Deus fez uma coisa maravilhosa. Ele fez isso de repente — mas temos medo disso. Queremos "crescer" na graça porque sabemos que podemos crescer e não ficar embaraçados.

Parece ser um embaraço para os crentes se ajoelharem para buscar o Deus todo-poderoso, ter que pegar um lenço para enxugar as lágrimas e então se pegarem dizendo: "Graças a Deus, o Consolador veio!". Isso pode tirar algo de sua reputação — presidente do conselho, professor da escola dominical, funcionário da assistência social feminina.

O resultado desse tipo de constrangimento é que prosseguimos ano após ano e aprendemos a conviver com a morte. Achamo-nos capazes de viver com um cadáver espiritual. Nossa respiração está gelada; as bochechas, pálidas; os dedos dos pés, congelados e não temos nenhuma espiritualidade. Aprendemos a conviver com isso — e imaginamos que seja "normal". Até escrevemos livros para provar que é normal, mas o Espírito Santo não está sobre nós, e esse é o problema.

O período de realização veio de repente, e o Pai cumpriu a promessa. As expectativas foram mais do que plenamente satisfeitas.

Vejam, eu me preocupo com qualquer coisa que atrapalhe o povo de Deus e o impeça de desfrutar de seus plenos privilégios na vida cristã. Às vezes, tenho

A VIDA DA IGREJA NO ESPÍRITO SANTO | 127

que me envolver em coisas que não acredito ser corretas e que se tornaram um obstáculo para o povo de Deus. Alguns disseram que isso não é da minha conta, mas é. Fui ungido por Deus para que essa preocupação seja da minha conta.

Uma dessas coisas é um erro frequentemente apresentado à igreja desta forma: que o cristão, enquanto indivíduo, não está inserido nessa promessa do Pai de que enviaria o Espírito Santo, que pois isso já aconteceu uma vez na igreja cristã e não se repetirá. Portanto, esta posição sustenta que a igreja não precisa mais se preocupar com o Espírito Santo. Então, eles tentam nos descartar.

Bem, gostaria de fazer algumas perguntas e deixá-lo tirar as próprias conclusões ao respondê-las.

É verdade que a promessa do Pai era válida apenas para os cristãos do primeiro século?

Creio que vivemos no período dos "últimos dias", que começou com o Pentecostes e continua até a volta de Cristo. Isso torna o texto do profeta Joel ativo, eficaz e aplicável para você e para mim. Vivemos agora nos últimos dias, quando Deus derramará seu Espírito sobre toda a carne.

Lembre-se do que Pedro disse em Atos 2:38-39: "Arrependei-vos, e cada um de vós seja batizado em nome de Jesus Cristo para remissão dos vossos pecados, e recebereis o dom do Espírito Santo. Pois para vós outros é a promessa, para vossos filhos e para todos os que ainda estão longe, isto é, para quantos o Senhor, nosso Deus, chamar". Não era apenas para aquela multidão que pertenceu à primeira geração, mas "para vossos filhos e para todos os que ainda estão longe" — essa é a promessa. Muitos de nós cremos e conhecemos o testemunho do Espírito — e isso é mais importante do que muitos argumentos. Se você pode convencer alguém, por meio de argumentos, a acreditar que ele está cheio do Espírito, aparecerá outra pessoa que, também por meio de argumentos, pode dissuadi-lo de acreditar nisso. Aponto para o Cordeiro de Deus que tira os pecados do mundo e para a promessa do Pai sobre uma vida santa e frutífera no Espírito; se alguma coisa acontecer comigo, ele terá a promessa do Pai. Portanto, não será lançado de volta na incerteza do homem.

Uma segunda pergunta necessária: O novo nascimento do primeiro século torna meu novo nascimento desnecessário?

O Senhor disse que teríamos que nascer de novo e disse que deveríamos estar cheios do Espírito. No entanto, alguém vem e nos diz que o que realmente significa é que *eles*, lá atrás, deveriam estar cheios do Espírito, e não nós.

Isso nos deixa numa situação difícil, sem nenhuma esperança, por termos nascido muito atrasados. Mas

A VIDA DA IGREJA NO ESPÍRITO SANTO | 129

espere! Pedro nasceu de novo. A experiência de Pedro de nascer de novo é suficiente para mim? Pedro foi cheio do Espírito. O fato de Pedro estar cheio do Espírito é suficiente para mim? Será que o café da manhã que Pedro comeu em 33 d.C. me nutriria e me bastaria nos dias de hoje?

Não, claro que não. Eu tenho que comer hoje para me nutrir hoje. O novo nascimento de Pedro não me ajudará agora. Devo nascer de novo hoje como ele nasceu de novo naquele tempo. O fato de Pedro ter sido cheio do Espírito naquele dia não me ajudará agora. Devo ser cheio do Espírito agora como ele foi naquela ocasião. Existe alguma diferença entre o que deve ocorrer em minha vida hoje e o derramamento do Espírito que ocorreu então?

Uma terceira pergunta: Você já viu alguém na igreja cristã hoje que recebeu na conversão o que Pedro recebeu no cenáculo?

Pergunto isso porque alguns ensinam que agora recebemos na conversão o que os discípulos receberam lá no Pentecostes.

Ao se converter, você tinha o poder que Pedro demonstrou quando ficou cheio do Espírito? Levemos isso um pouco mais longe — até às pessoas comuns que estavam ao redor dele. A Bíblia não deixa bem claro que elas receberam e tiveram algo que aparentemente não temos hoje em dia? Eu acho que sim!

Agora, uma pergunta final: A crença fundamental moderna é um cumprimento satisfatório da expectativa levantada pelo Pai em Cristo, e seu coração testemunha pessoalmente que a experiência que você desfruta agora é aquilo que o Senhor prometeu a seu povo?

Irmãos, nosso Pai Celestial prometeu que o dom do Espírito Santo viria sobre seus filhos. O próprio Jesus prometeu que teríamos o Espírito, que Ele tomaria as coisas de Cristo e as tornaria conhecidas por nós, e que teríamos poder do alto.

Quando olho em volta, vejo um textualismo fundamentalista frio, morto e seco. E aí eles querem que eu acredite que o que eles têm agora é o mesmo que aqueles primeiros cristãos tinham, lá atrás. Eu simplesmente não posso acreditar!

Eles eram cristãos "de raça" naqueles dias. Algo de Deus tinha vindo sobre eles, e eles estavam fulgurantes de luz, poder e vida. A maioria de nós é "sem raça definida", em comparação com os primeiros cristãos.

Quando eu era menino em uma fazenda na Pensilvânia, tínhamos galinhas sem raça definida. Ocasionalmente, minha mãe tentava melhorar a linhagem, trazendo alguns espécimes Plymouth Rocks ou de alguma outra boa raça. Mas deixe as galinhas por conta própria durante algum tempo. Em cinco ou seis anos, elas voltarão ao que eram. Voltarão à condição original, e você não conseguirá descobrir a que raça pertencem — serão apenas as velhas galinhas mirradas, que cacarejam e que põem ovos pequenos; e poucos!

Nós, cristãos, acabamos de voltar à velha linhagem adâmica. Olhe para nós e tente dizer que automaticamente temos a mesma vida espiritual daqueles cristãos "de raça". Pense bem!

Você tem o testemunho em seu ser, agora, de que o que você possui em termos de vida e vitória espiritual é o que Deus tinha em mente quando pintou aquele maravilhoso quadro da plenitude do Espírito?

Deixe-me lembrá-lo da senhora Cook, uma simpática velhinha que morava em sua modesta casa, no lado sul de Chicago, e que conhecia a bênção da plenitude do Espírito Santo.

Um jovem se converteu nesta cidade e se saiu um bom vendedor. Ele estava muito ocupado — adorava correr em círculos, e fazia isso.

Ele ia a todos os lugares correndo em círculos, e seu nome era Dwight Lyman Moody.

Um dia, a senhora Cook viu Dwight e o convidou: "Filho, gostaria que você viesse à minha casa um dia desses. Quero falar com você". Então, Moody foi e ela o mandou sentar-se e disse algo mais ou menos assim: "Olhe, Dwight, é muito bom ver você salvo de maneira tão maravilhosa e ver seu zelo pelo Senhor, mas você sabe do que precisa? Você precisa ser ungido pelo Espírito Santo".

"Bem", ele respondeu, "Senhora Cook, eu quero tudo o que Deus tem para mim".

"Tudo bem", ela acrescentou, "se ajoelhe". Então ele se ajoelhou no tapete e eles oraram. A senhora Cook orou: "Oh Deus, encha este jovem com o teu próprio Espírito".

Moody morreu ali mesmo, abriu o coração, entregou-se como um vaso vazio e aceitou a promessa pela fé — mas nada aconteceu. Contudo, alguns dias depois, ele estava em outra cidade e afirmou: "Enquanto eu caminhava pela rua, 'de repente' Deus cumpriu a promessa que havia feito para mim naquela cozinha".

Desceu sobre ele um chifre de óleo, e o Espírito Santo se apossou dele. Ele disse que virou em um beco, ergueu a mão e disse: "Oh Deus, detenha seu poder, senão eu vou morrer!".

Mais tarde, declarou: "Eu saí de lá pregando os mesmos sermões com os mesmos textos, mas oh, que diferença agora — o Espírito Santo tinha vindo!".

Sim, o Espírito Santo tinha estado ali. O Espírito Santo fez com que ele nascesse de novo, pois "se alguém não tem o Espírito de Cristo, esse tal não é dele".

É, no entanto, completamente diferente ter o Espírito como agente da minha regeneração e ter o chifre de óleo derramado sobre minha cabeça — uma coisa bem diferente —, e esse foi o testemunho e apelo de Moody a respeito da plenitude do Espírito Santo.

De onde tiramos essa ideia de que, porque os discípulos foram cheios do Espírito lá no primeiro século, não é necessário sermos preenchidos do Espírito agora?

Houve um tempo em que o Espírito Santo desceu sobre a igreja e ela saiu em uma chama de fogo para pregar o evangelho, no primeiro século, ao mundo até então conhecido.

Então, veio a longa morte.

Agora, aqui estamos em nosso tempo, e temos mestres tão infinitamente tolos que nos dizem que tudo o que temos a fazer é seguir em silêncio até que o Senhor venha e nos faça dominar sobre muitas cidades. Eu só peço que você examine a Bíblia e veja se essas coisas são assim. Ore, entregue-se, creia e obedeça — e veja o que Deus fará por você.

7

A finalidade do dom bíblico do Espírito Santo: a *capacidade para fazer*

E a graça foi concedida a cada um de nós segundo a proporção do dom de Cristo.

EFÉSIOS 4:7

Porque, pela graça que me foi dada, digo a cada um dentre vós que não pense de si mesmo além do que convém; antes, pense com moderação, segundo a medida da fé que Deus repartiu a cada um. Pois assim como temos muitos membros em um só corpo, e nem todos os membros têm a mesma função: assim nós, sendo muitos, somos um só corpo em Cristo, e cada um membros uns dos outros. Tendo, pois, diferentes dons segundo a graça que nos foi dada, se profecia, profetizemos segundo a proporção da fé; ou ministério, esperemos no nosso ministério; ou aquele que ensina, no ensino; ou aquele que exorta, sobre exortação: aquele que dá, faça-o com simplicidade; aquele que governa, com diligência; aquele que usa de misericórdia, com alegria.

ROMANOS 12:3-8

A respeito dos dons espirituais, não quero, irmãos, que sejais ignorantes. [...]
    Ora, os dons são diversos, mas o Espírito é o mesmo. E também há diversidade nos serviços, mas o Senhor é o mesmo. E há diversidade nas realizações, mas o mesmo Deus é quem opera tudo em todos.
    A manifestação do Espírito é concedida a cada um visando a um fim proveitoso. Porque a um é dada, mediante o Espírito, a palavra da sabedoria; e a outro, segundo o mesmo Espírito, a palavra do conhecimento; a outro, no mesmo Espírito, a fé; e a outro, no mesmo Espírito, dons de curar; a outro, operações de milagres; a outro, profecia; a outro, discernimento de espíritos; a um, variedade de línguas; e a outro, capacidade para interpretá-las. Mas um só e o mesmo

Espírito realiza todas estas coisas, distribuindo--as, como lhe apraz, a cada um, individualmente.

1Coríntios 12:1, 4-11

ESBOÇO

Introdução

A incrível unidade e cooperação dos membros do corpo físico é usada por Paulo para ilustrar os relacionamentos espirituais na igreja, o Corpo de Cristo, e os dons dados aos membros.

O Espírito Santo é, para a igreja, o que seu próprio espírito é para o corpo que Deus lhe deu.

1. *Observe a unidade espiritual no Corpo de Cristo.*
   a. Um grande número de denominações não é uma frustração.
   b. Qualquer coisa que Deus pode fazer por meio de sua igreja, Ele pode fazer por meio de uma igreja local.
2. *Os dons na igreja segundo a graça.*
   a. Esses dons são "capacidade de Deus para fazer".

b. Um total de quinze funções de dons listadas por Paulo.

c. O Espírito Santo é capaz de operar por meio das funções dos dons dos membros do Corpo.

3. *Coisas que erroneamente colocamos no lugar do Espírito.*

a. Capacidade e talento humanos.

b. Psicologia e psiquiatria.

c. Métodos de negócios e de vendas.

d. Manobras políticas.

NADA NO MUNDO INTEIRO FOI feito de maneira tão maravilhosa quanto o corpo humano, e não é de admirar que o Espírito Santo tenha dito por meio de Davi: "por modo assombrosamente maravilhoso me formaste" (Salmos 139:14). As mãos, os olhos, os ouvidos, o olfato, o paladar, o tato, os pés e as mãos, todos trabalhando juntos — somente a sabedoria criativa e o poder de Deus podem explicar o incrível corpo humano.

Chamo a atenção para o fato de que, em três de suas epístolas, o apóstolo Paulo usou os membros do corpo físico para ilustrar os relacionamentos espirituais no Corpo de Cristo, a igreja. Ele usou a relação corpo--membro em Romanos, em 1Coríntios e em Efésios.

Em Romanos 12, Paulo, sendo um grande ilustrador, dividiu as coisas para que pudéssemos entender facilmente quando ele disse que a igreja é um corpo — Cristo é a cabeça e o verdadeiro cristão é um membro desse corpo.

Agora, o Espírito Santo é para a igreja o que o seu espírito é para o corpo que Deus lhe deu. É a vida, a união, a consciência — e como cada membro representa a igreja local, cada igreja local representa toda a igreja de Cristo, afirma Paulo.

O que Paulo enfatiza é o fato de que a igreja, o Corpo de Cristo, não está dilacerada nem dividida, mas cada grupo da igreja local tem todas as funções de todo o corpo. Assim como cada estado individualmente é uma parte vital e pulsante de toda a federação, cada igreja local é uma parte viva e orgânica de toda a igreja de Cristo. Acredito que somos membros de todo o corpo de Cristo no céu e em todo o mundo, mas somos todos descendentes do grande Deus, que pelo Espírito Santo e pela Palavra nos fez nascer em sua família.

Portanto, a igreja de Cristo não está dividida. Quando cantamos aquela velha canção: "Não estamos divididos, todos nós somos um só corpo", as pessoas sorriem e dizem: "Que tal as seiscentas denominações?".

Bem, eles não me frustram com essa pergunta. Essa canção, essa verdade — "Não estamos divididos, todos nós somos um só corpo" — é tão segura quanto o fato de que eu não estou dividido. O Corpo de Cristo é um só corpo. Podemos cantar essa canção e deixar que essas pessoas zombem de nós, se quiserem — continuemos cantando-a, pois ela é verdadeira! Não estamos divididos. É uma única igreja. Todos os que já nasceram na família de Deus nascem em uma união viva e orgânica, e é assim que funciona. Não há nada que o diabo possa fazer a esse respeito.

Eu digo que cada grupo local tem todas as funções do grupo todo, assim como o corpo de cada homem tem todas as faculdades, órgãos e membros humanos. O propósito de cada membro é que cada um cumpra uma função. O propósito dos olhos é ver, dos ouvidos é ouvir, das mãos é trabalhar, dos pés é movimentar o corpo, do estômago é digerir os alimentos, e assim por diante.

Portanto, nosso propósito é cooperar, e de forma harmônica. Lembro-me de uma vez ter lido um ótimo artigo na revista *Harper's*. Ele explicava a causa da velhice. Dizia que não era a perda de força em nenhum órgão do corpo, mas que eles deixavam de cooperar e passavam a funcionar por conta própria, causando a velhice. Era a falha dos órgãos do corpo em cooperar que fazia as pessoas morrerem de velhice. Eles se tornaram independentes, saíram e fundaram sua própria igreja, se podemos usar isso nesse sentido de ilustração.

Assim é com a igreja. Quando trabalhamos juntos e temos um senso de unidade e de companheirismo;

A FINALIDADE DO DOM BÍBLICO DO ESPÍRITO SANTO | 141

quando trabalhamos juntos, cooperamos uns com os outros e agimos em harmonia, quando são todos por um e um por todos, e todos recebem instruções da Cabeça, então há uma igreja perfeita. Cada igreja local pode representar esse modo de ação, e cada um de nós pode representá-lo em nós mesmos.

Qualquer coisa que Deus possa fazer por meio de toda a sua igreja, Ele pode fazer por meio de uma igreja local, de um grupo local. Essas várias funções são as habilidades para trabalhar e são chamadas de dons: "tendo, porém, diferentes dons segundo a graça que nos foi dada" (Romanos 12:6); "a respeito dos dons espirituais [...] irmãos" (1Coríntios 12:1); "procurai, com zelo, os melhores dons" (1Coríntios 12:31), "quando ele subiu às alturas [...] concedeu dons aos homens" (Efésios 4:8).

Então, quando os dons são encontrados no Corpo de Cristo, na igreja local, eles são a capacidade de fazer. A título de ilustração, seu estômago é um presente de Deus. O objetivo não é segurar as calças, apenas algo para colocar um cinto. O estômago tem um propósito e uma função. Para que serve o seu fígado? Para que servem os seus olhos? Eles têm propósitos e funções específicos, algo para fazer e realizar. Se eles cumprirem sua função e todos os outros cooperarem, você será uma pessoa saudável e útil.

142 | O ESPÍRITO SANTO: 10 SERMÕES SOBRE O CONSOLADOR

Temos esses dons na igreja da mesma maneira. Paulo disse em suas instruções cuidadosas, nos escritos inspirados por Deus, que esses dons são dados a fim de que façamos as coisas. Eles existem na igreja para um propósito.

Agora, Paulo também usou os esportes para ilustrar, e se eu usar os esportes para exemplificar, não diga que não sou espiritual. Não tenho ambição de ser mais espiritual que o apóstolo Paulo. Você sabe que um time de beisebol em ação tem nove homens. Tem um jogador para pegar a bola, outro para lançar a bola, um no campo central, outros na primeira base e na segunda base etc. Cada homem na sua posição tem uma função, e cada um sabe o que deve fazer. Enquanto cada um fizer seu trabalho com habilidade, a equipe, como uma unidade, dificilmente será derrotada. Sempre que num time houver uma estrela que não se importa que se o time ganha ou não, contanto que ele possa brilhar, o sucesso do time como uma unidade vencedora é sacrificado.

Paulo declara que esses dons se encontram no corpo. Alguns alegam haver apenas nove dons, porque os versículos iniciais de 1Coríntios listam nove. Mas você sabe que contei pelo menos dezoito na Bíblia? Talvez haja alguns que se sobrepõem, e a lista poderia ser reduzida para quinze. Deixe-me seguir as Escrituras de perto, agora, e permanecer na Palavra de Deus. Deixe-me

A FINALIDADE DO DOM BÍBLICO DO ESPÍRITO SANTO | 143

simplesmente citar as funções exercidas pelos dons de cada membro do Corpo divino nomeadas por Paulo. Primeiro, há o dom de um apóstolo, embaixador ou mensageiro. Existe o dom que faz um profeta. Existe o dom que faz um mestre. Então, há o dom que faz um exortador. Existe o dom que faz o governante. Isso seria alguém semelhante ao que os antigos presbiterianos chamavam de "presbítero governante". Depois, há os dons da sabedoria, do conhecimento, da fé, da cura. Há um dom de milagres, um dom de línguas, um dom de interpretação, um dom de discernimento, um dom de ajuda, um dom de mostrar misericórdia, um dom de governo, um dom de liberalidade e o dom do evangelista.

Aí está. Esses são os dons que estão no Corpo, as funções que capacitam o Espírito Santo a operar. Enquanto você tiver os membros do corpo, a vida dentro de você pode encontrar seu modo de expressão.

Enquanto as mãos forem obedientes à cabeça, elas ficarão bem. Contanto que os pés recebam ordens dela, você não será atropelado ao atravessar a rua. Enquanto os membros de seu corpo fizerem seu trabalho e aceitarem as ordens da cabeça, você estará bem. Enquanto a igreja de Cristo reconhecer o Senhor como sendo a Cabeça, e os cristãos como membros em particular, e estes membros dotados de "capacidade para fazer", teremos uma igreja reavivada e abençoada.

Lembre-se de que o trabalho da igreja é feito pelo Espírito, trabalhando por meio desses dons e desses membros talentosos. Onde esses dons não estão presentes, ou não são reconhecidos, ou são negados, a igreja se volta para outras maneiras de realizar um trabalho. Existem várias ênfases equivocadas em nossos círculos, e a primeira é simplesmente o humanismo. Se você não tivesse mãos, teria que fazer o melhor que pudesse sem mãos. Se você não tivesse olhos, faria o melhor que pudesse sem olhos. Se você não tivesse pés, rastejaria o melhor que pudesse sem pés. Portanto, se negarmos ou nos recusarmos a reconhecer que existem membros e que há dons nesses membros, então nos tornamos dependentes do mero humanismo. Temos isso em grande medida, hoje. Somos dependentes do talento — apenas talento. Deixe-me dizer-lhe solenemente que o Espírito Santo nunca trabalha com mero talento. Não se engane com a parábola em que Jesus usa a palavra "talento", que era uma quantia em dinheiro. Não fazia referência à habilidade de cantar, imitar ou projetar — seja o que for que as pessoas teatrais façam com seu talento.

Nosso segundo erro é que nos tornamos dependentes da psicologia como um substituto. Eu, ao mesmo tempo, me divirto e fico contrariado com alguns de meus irmãos de ministério que estão tão ocupados

A FINALIDADE DO DOM BÍBLICO DO ESPÍRITO SANTO | 145

estudando psicologia para saber como lidar com suas congregações. Quando você tem uma Bíblia e uma mente, uma boca e o Espírito Santo, por que você tem que estudar psicologia? Lembro-me de minha própria experiência quando jovem, quando julguei necessário tornar-me um grande estudante de psicologia. Estudei Watson e James, e particularmente Freud, que foi o pai da psiquiatria e da psicanálise. Aprendi todos os termos e todo o tom. Não sou leigo em psicologia, mas não adianta trazê-la ao púlpito quando você tem o Espírito Santo. Se você tem o dom do Espírito, não precisa estudar Freud. Se você o estudar, tudo bem, mas não o leve ao púlpito com você.

Outro erro que cometemos é a dependência de "métodos de negócios". Eu me divirto e me magoo um pouco com esses irmãos e com seus métodos de negócios, tentando levar adiante a obra de Deus à moda do empresário norte-americano. Ora, quando adotamos o estilo de eles atuarem na Madison Avenue ou em Wall Street, o corpo é todo de membros artificiais. Não vai funcionar!

Além disso, há a técnica política, com persuasão por métodos de vendas. Acho que teremos que estudar novamente todo esse ensino sobre o lugar do Espírito Santo na igreja, para que o Corpo possa operar novamente. Se a vida sai do corpo de um homem, diz-se que ele é um cadáver. Ele é o que eles chamam de "os restos mortais". É triste, mas ironicamente triste, que um homem forte, fino, de olhos brilhantes e voz vibrante, um homem vivo, morra, e digamos que "os restos mortais" podem ser vistos em uma funerária. Tudo o que resta do homem, e a menor parte dele, é o que você pode ver lá na funerária. O homem vivo se foi. Você tem apenas o corpo. O corpo são "os restos mortais".

Assim é na igreja de Cristo. É um fato que algumas igrejas morreram. O Espírito Santo saiu delas e tudo o que sobrou foram "os restos mortais". Você tem o potencial da igreja, mas não tem a igreja, assim como você tem em um homem morto o potencial de um homem vivo, mas não tem um homem vivo. Ele não pode falar, não pode provar, não pode tocar, não pode sentir, não pode cheirar, não pode ver, não pode ouvir — porque está morto! A alma saiu do homem, e quando o Espírito Santo não está presente na igreja, você tem que seguir os métodos dos negócios, da política, da psicologia ou do esforço humano.

Não tem como exagerar a necessidade do Espírito Santo na igreja, se você diz isso de acordo com a Bíblia, pois sem o Espírito nada pode ser feito para a eternidade. Alguém dirá: "Se isso é verdade, por que simplesmente não nos juntamos com o movimento de línguas, uma vez que eles acreditam que você pode ter certeza de que está cheio do Espírito, mas você deve ter a evidência de línguas?".

Bem, em resposta, conheço e estudo esses queridos irmãos, e tenho pregado para eles por muito, muito tempo. Eu os tenho estudado, e os conheço muito bem e tenho muita simpatia por eles. Existem algumas igrejas que são muito sãs, preciosas e piedosas. Não quero ferir os sentimentos de ninguém, mas é verdade que, como cristãos, temos de sorrir e agradecer a Deus pela verdade, quer doa, quer não. O próprio movimento engrandeceu um único dom acima de todos os outros, e esse dom é o que Paulo disse ser o menor.

O resultado é uma exibição antibíblica desse dom, e há uma tendência de colocar o sentimento pessoal acima das Escrituras, e nunca, jamais, devemos fazer isso!

Deus nos deu o Livro, irmão, e o Livro vem em primeiro lugar. Se algo não pode ser mostrado no Livro, então não quero que ninguém venha até mim todo trêmulo e tente me dizer qualquer coisa. O Livro — você deve me dar a Palavra!

Outra direção de ensino, em nossos dias, é esta: alguns irmãos dizem que os dons do Espírito cessaram quando os apóstolos morreram. Com a morte dos apóstolos não há dons do Espírito, declaram.

Agora, aqui temos duas direções — o primeiro ensino, de que antes de ter certeza de que está cheio do Espírito você deve ter a evidência de línguas; o outro, de que, hoje em dia, todos os dons cessaram e estão mortos e indisponíveis à igreja. Como vamos nos orientar em meio a tudo isso? Deixe-me lembrá-lo de certas pessoas que viveram e serviram a Deus e algumas das coisas que fizeram. Vejamos como cada um desses dois extremos responde a essas façanhas de Deus.

Veja Agostinho, por exemplo, o bispo de Hipona, aquele homem santo que andou com Deus e escreveu uma grande confissão de fé. Há mais de Deus nas Confissões de Agostinho do que em todos os livros escritos em círculos fundamentalistas nos últimos cinquenta anos. Se eu estivesse em uma ilha e pudesse ter uma pilha de toda a literatura fundamentalista, do evangelho pleno, escrita nos últimos cinquenta anos, ou ter as *Confissões* de Agostinho, desistiria de todo o resto para manter este último livro, por que Deus está nesse livro. Ele é o homem que foi um grande orador e um grande estudante da oratória grega. Quando ficou cheio do Espírito Santo, disse: "Perdi o gosto pela oratória grega e isso me incomodou. Mais tarde descobri o porquê. Não encontrei Cristo no orador grego". Ele foi um dos seis grandes cérebros de todos os tempos, e desistiu de tudo para poder seguir Cristo.

Considere também Bernardo de Cluny, autor cristão que escreveu *Jerusalem the Golden* [Jerusalém, a dourada], obra na qual eternizou estes conhecidos versos: "Jerusalém, a dourada, com leite e mel abençoada". Este

A FINALIDADE DO DOM BÍBLICO DO ESPÍRITO SANTO | 149

homem andou com Deus. Ele tinha um irmão gêmeo, Bernardo de Claraval, que escreveu: "Jesus, o próprio pensamento de ti, com doçura enche meu peito", além de outros hinos lindos e maravilhosos.

Falemos também de Richard Rolle, que viveu no século 14. Ele era um monge, mas foi tão abençoado que não pôde ficar no mosteiro. Então, comprou um violão e foi por toda a Inglaterra pregando o evangelho que chamava de "Calor, fragrância e música". Esse evangelho era quente, era doce e era melodioso.

O irmão Lourenço foi o homem que praticava a presença de Deus. Ele não pegava uma palha do chão que não fosse pelo amor a Deus. Quando ele estava morrendo, perguntaram: "O que o senhor está fazendo, irmão Lourenço?". Ele disse: "Estou fazendo o que pretendo fazer por toda a eternidade: adorar a Deus. Quando eu morrer, não vou mudar de profissão. Tenho adorado a Deus por quarenta anos na Terra e, quando chegar ao céu, continuarei a fazer o que venho fazendo".

Lembre-se também de Thomas de Kempis, que escreveu *A imitação de Cristo*, e daquele homem a quem chamavam de Dr. Martinho Lutero, que prometeu: "Vou me casar para provocar o papa e enlouquecer o diabo".

Ele foi o homem que se levantou e afirmou: "Se cada ladrilho do telhado fosse um demônio, aqui estou eu.

Não posso fazer mais nada, então Deus me ajude!". Ele devolveu a Palavra de Deus à igreja e colocou o papa em seu lugar.

Zinzendorf era aquele rico nobre alemão que viu uma pintura de Cristo crucificado na cruz. Ele chorou e declarou: "Se Ele morreu por mim, devo me entregar a Ele!". De sua devoção e visão vieram a ênfase da qual surgiram todos os grandes movimentos missionários dos dias atuais.

Tersteegen, um tecelão de seda na Alemanha, teve tal experiência com Deus que assinou uma aliança com Ele com seu próprio sangue. Sua cabana tornou-se um centro de poder espiritual para toda sua nação.

John Newton escreveu "Quão doce soa o nome de Jesus". Este homem maravilhoso foi traficante de escravos na África e, no entanto, converteu-se e se tornou um dos santos mais ardentes de sua geração.

Como faríamos sem as obras de Charles Wesley? "Jesus, Amante de minha alma", "Amor divino, todo amor excelente" e seu "E pode ser que eu deva me interessar pelo sangue de meu Salvador?" são apenas alguns. E seu irmão, John Wesley, o homem que era um apanhador de ovos, por que jogavam pilhas de ovos nele, você sabe. Ele continuou pregando até que mudou toda a aparência moral da Inglaterra. Os historiadores dizem que ele salvou a Inglaterra de uma revolução.

A FINALIDADE DO DOM BÍBLICO DO ESPÍRITO SANTO | 151

Considere William Booth, que iniciou o Exército da Salvação, ou Jonathan Edwards, o grande pregador norte-americano que trouxe o grande reavivamento — o grande despertamento.

Pense em Frederick Faber, que escreveu: "Oh, Jesus, Jesus, querido Senhor, perdoe-me se eu disser, por muito amor, teu precioso nome mil vezes ao dia".

Lembre-se também de Reginald Heber, o anglicano, que escreveu: "Santo, Santo, Santo, Senhor Deus todo-poderoso".

Em nosso próprio país [os Estados Unidos], havia Charles Finney, o advogado que se converteu e foi cheio do Espírito Santo, e que afirmou: "O Espírito Santo desceu sobre mim de uma maneira que parecia passar por mim, corpo e alma. Eu podia sentir a impressão como uma onda de eletricidade passando por mim. De fato, parecia vir em ondas e ondas de amor líquido [...] como o próprio sopro de Deus [...] parecia abanar-me como asas imensas".

Lembre-se de David Livingstone, que abriu a África para o evangelho; e Charles Spurgeon, que pregou para 6 mil pessoas em Londres todos os domingos durante toda a vida. Foi dito de Spurgeon que suas orações curaram mais pessoas enfermas em Londres do que todos os médicos juntos.

George Müller foi para a Inglaterra e abriu um orfanato em Bristol. Este homem orou por milhões de dólares em suas mãos, abençoou milhares de pessoas, criou milhares de órfãos e Deus nunca lhe recusou nada.

Pense em Frances Havergal, de quem foi dito que, quando ela entrava em uma sala, havia a consciência de duas pessoas chegando à sala: ele próprio e o Espírito Santo.

Evan Roberts foi o homem que orou: "Dobre-me, oh Deus, dobre-me!", e Deus o curvou e deu ao País de Gales seu grande avivamento. Dr. Seng, o cristão chinês que foi espancado e costurado em um saco, pisado e chutado, saiu e pregou por toda a China, e Deus veio sobre ele com grandes milagres e maravilhas.

O doutor Albert Benjamin Simpson começou com oito pessoas que oravam pelas missões, e agora nos lembramos dele como o fundador da sexta maior socie-dade missionária do mundo.

Billy Nicholson, o querido e velho Billy, que partiu para estar com seu Senhor não muito tempo atrás, foi o evangelista que chegou à Irlanda em uma época de agi-tação política e de decadência moral. Tantas pessoas se converteram com sua pregação que foi evitada uma revolução.

Você já ouviu falar da mulher irlando-canadense que foi chamada de Holy Ann? Conta-se que ela falava sobre seu Pai tão intimamente que você pensaria que Deus não tinha outros filhos além dela.

Você leu a vida de Sammy Morris? Nunca o vi pessoalmente, mas uma vez tirei o chapéu ao lado de seu túmulo. Sammy Morris, o rapaz africano pertencente ao povo Kru, que ouviu falar sobre o Espírito Santo e veio para os Estados Unidos. Ele queria conversar com alguém que pudesse lhe falar sobre o Espírito Santo. Alguém o levou para conhecer a cidade de Nova York, e dizia: "Olhe para este prédio, olhe para aquele prédio". Sammy Morris interrompeu a pessoa e disse: "Não vim a Nova York para ver prédios. Você sabe alguma coisa sobre o Espírito Santo?" Ele foi até a Universidade Taylor e disse: "Eu sei que vocês, metodistas, acreditam no Espírito Santo e quero saber mais sobre Ele. Se vocês têm um quarto em qualquer lugar sob um telhado que nenhum outro aluno aceitará, é esse que eu quero". Sammy Morris, um reflexo de Cristo, viveu pouco tempo. Ele está enterrado em Fort Wayne, Indiana, onde eu estive ao lado de seu túmulo.

Posso citar apenas alguns — resmas de papel teriam que ser usadas para escrever apenas os nomes dos grandes santos que viveram, que abalaram e comoveram nações, e que purificaram cidades e vilas. Os reavivamentos agora vêm e vão, e deixam as comunidades inalteradas. Os reavivamentos naqueles dias deixavam a marca de Deus.

Para os que afirmam que os dons cessaram com os apóstolos: se os dons do Espírito cessaram com os

Doze, como Agostinho, Bernardo de Cluny, Richard Rolle, irmão Lourenço, Thomas de Kempis, Lutero, Zinzendorf, Tersteegen, William Booth, Jonathan Edwards, Charles Finney, Charles Spurgeon, George Müller, A. B. Simpson, Billy Nicholson, Holy Ann e Sammy Morris realizaram as obras de Deus? Como eles fizeram isso? Se o Espírito Santo não tem dons para os homens, eles o fizeram por seu intelecto, eles o fizeram por seus cérebros? Não, meus irmãos, esses eram homens e mulheres que tiveram dons, e os dons estavam neles, e o Espírito de Deus os usou poderosamente, trabalhando por meio deles como minha alma trabalha por meio de minhas mãos.

Por outro lado, se só formos cheios do Espírito caso tenhamos a evidência das línguas, então Agostinho, Bernardo, Thomas de Kempis, Frederick Faber, Charles Finney, David Livingstone, Charles Spurgeon e George Müller não foram cheios do Espírito. Nenhum deles jamais disse nada sobre a evidência das línguas. Podemos dizer que eles realizaram seus feitos poderosos, que mudaram o mundo, no poder da carne? Oh não, irmão! Não concordo com nenhum dos extremos.

Eu sei que os dons do Espírito não cessaram com os apóstolos. Eu sei que existem dons hoje na igreja cristã, mesmo em algumas igrejas que não sabem que os possuem.

Não podemos ajudar a nós mesmos indo para algum outro lugar ou nos unindo a algum movimento novo. Irmão, você não consegue ajuda indo para algum lugar e "unindo-se" a alguma coisa. Deus não procura rótulos, nem títulos, nem nomes. Ele busca pessoas. Ele procura pessoas amáveis, humildes e limpas, e se puder encontrar tais pessoas, Ele está preparado para agir imediatamente com grande poder. "Recebereis poder" (Atos 1:8). "Procurai, com zelo, os melhores dons" (1Coríntios 12:31). Qualquer coisa que Deus já tenha feito por uma pessoa, Ele fará por qualquer outra, se as condições forem atendidas. O Senhor que abençoou esses homens de quem falei e os milhares que vieram depois deles, mas cujos nomes não são conhecidos, está disposto a fazer por nós o mesmo que fez por eles.

A incredulidade diz: Em algum outro momento, mas não agora; em algum outro lugar, mas não aqui; para outras pessoas, mas não para nós. A fé diz: Qualquer coisa que Ele fez em qualquer outro lugar Ele fará aqui; qualquer coisa que Ele fez em qualquer outro momento, Ele está disposto a fazer agora; qualquer coisa que Ele já fez por outras pessoas, Ele está disposto a fazer por nós. Com os pés no chão e com a cabeça fria, mas com o coração inflamado pelo amor de Deus, caminharemos nesta plenitude do Espírito se nos entregarmos e obedecermos. Deus quer trabalhar por meio de você.

O Consolador veio e não se importa com os limites de localidade, geografia, tempo ou nacionalidade. O Corpo de Cristo é maior do que tudo isso. A pergunta é: você abrirá o coração?

Se eu pudesse recorrer àquela pequena ilustração usada em Gênesis, você estenderia a mão pela fé e receberia o Espírito Santo dentro de você? Isso faria uma grande e maravilhosa diferença em sua vida. Eu já vi isso acontecer, e não há motivo para não acontecer com você se obedecer totalmente.

8

A santa comunhão do Espírito Santo: *deve ser cultivada*

Andarão dois juntos, se não houver entre eles acordo?

Amós 3:3

ESBOÇO

Introdução

Os cristãos professos costumam dizer que desejam a vontade de Deus e as bênçãos do Espírito de Deus, mas continuam olhando em duas direções. Eles querem as coisas de Cristo, mas também querem algumas coisas do mundo. Eles não estão dispostos a entregar tudo para ganhar tudo.

1. *Tipos de crentes que não estão prontos para cultivar a companhia do Espírito Santo.*
   a. Aqueles que querem o cristianismo como um "seguro".
   b. Aqueles cujo conceito de religião é social — não espiritual.
   c. Aqueles mais influenciados pelo mundo que pelo Novo Testamento.
   d. Aqueles cujo desejo pelo Espírito Santo se baseia na esperança de obter uma nova emoção.
2. *Dicas para ajudá-lo no cultivo da santa comunhão do Espírito.*
   a. O Espírito Santo é uma pessoa viva que pode ser conhecida intimamente.
   b. Envolva-se com Jesus Cristo.
   c. Honre Jesus Cristo e o Espírito Santo o honrará.
   d. Devemos nos dispor a andar em retidão.
   e. Faça de seus pensamentos um santuário limpo.
   f. Procure conhecê-lo em sua Palavra.
   g. A arte da meditação bíblica.
   h. Reconheça a presença do Espírito Santo em todos os lugares, o tempo todo.

AO CONTRÁRIO DO QUE OS CRISTÃOS PROFESSOS gostam de pensar, muitos do povo de Deus não se dispõem a andar em perfeita concordância com Ele, e isso pode explicar por que tantos crentes não têm o poder do Espírito, a paz do Espírito e outras qualidades, dons e benefícios que o Espírito de Deus traz.

A questão é: dispomo-nos a andar com Ele em amor e em obediência?

A resposta é que não podemos andar com Ele a menos que estejamos de acordo e, se não estivermos de acordo, não andaremos com Ele em harmonia, frutificação e bênção.

Muitos membros de igreja, que professam ter interesse no assunto "Como cultivar a companhia do Espírito", não estão dispostos a desistir de tudo para ganhar tudo. Não estão dispostos a se voltar completamente para Deus e andar com Ele.

Você deve se lembrar que John Bunyan, em seus grandes escritos alegóricos, frequentemente mencionou o Sr. Olhando Para Dois Lados. Devemos saber tão bem quanto ele que há muitos cristãos que tentam realizar a difícil tarefa de olhar em ambas as direções ao mesmo tempo. Eles querem Cristo, mas também querem um pouco do mundo. Eles permitem que o Senhor perturbe o caminho deles, mas também atrapalham o caminho do Senhor, e não adianta falar em estar cheio do Espírito e andar no Espírito a menos que estejamos dispostos a abrir mão de tudo para obter tudo.

Agora, esta velha questão no texto bíblico — "Andarão dois juntos, se não houver entre eles acordo?" — é uma pergunta retórica, equivalente a uma declaração positiva de que dois não podem caminhar juntos, a menos que estejam de acordo, e a afirmação de que, se os dois caminham juntos, devem, de alguma forma, ser um.

Esses dois, para caminhar juntos, devem concordar que desejam caminhar juntos e devem concordar que é vantajoso para eles ter a companhia um do outro. Acho que você verá que tudo se resume a isso: para que dois caminhem juntos voluntariamente, eles devem, de alguma forma, ser um. Eles devem estar unidos nas questões importantes de sua caminhada, companheirismo e direção se quiserem se comprometer a viajar juntos.

Descobri que algumas pessoas simplesmente não estão preparadas para esse ensino sobre entrega, consagração e devoção à mais elevada vontade de Deus para sua vida. Ainda estão olhando para os dois lados.

Deixe-me citar alguns dos tipos de cristãos professos que não estão dispostos a entregar tudo para ganhar tudo.

Há aqueles que estão muito interessados no cristianismo por sua garantia como um "seguro".

A SANTA COMUNHÃO DO ESPÍRITO SANTO | 161

Acredite ou não, eles querem o cuidado e a proteção que Deus lhes dá agora e desejam evitar o inferno na hora da morte. Eles almejam a garantia do céu, no final. Para conseguir essas coisas, parecem estar dispostos a apoiar a igreja, doar às missões e mostrar interesse financeiro em outros projetos da igreja.

Incrível, mas é verdade! Algumas pessoas continuam apoiando a igreja e até se abstêm de alguns prazeres grosseiros porque querem proteção — elas se interessam no valor do cristianismo como um seguro. Elas querem o que ele tem a oferecer. Não têm interesse pelo modernismo e pelo cristianismo liberal, porque lá não há nenhuma garantia de seguro.

Você está feliz pelo fato de Jesus Cristo ter morrido na cruz porque isso significa que você não será levado a julgamento, já que passou da morte para a vida?

Você está disposto a viver razoavelmente bem, desistindo de alguns prazeres vulgares como uma mensalidade que você está pagando pela garantia de que Deus o abençoará enquanto viver e o levará para o céu ao morrer?

Alguns cristãos não gostam que essa proposição seja declarada dessa maneira, pois ela deixa escapar a verdade, que gera outra pergunta: Se essa é a base da nossa vida cristã, somos melhores do que alguns dos pecadores que não professam o cristianismo?

Nem todo pecador é obsceno, você sabe. Nem todo pecador é um malandro. Existem homens honrados, bons e honestos — homens que dirão a verdade mesmo que doa. Eles não têm esperança de vida eterna ou do céu por vir. Eles não são seguidores de nosso Senhor. Conheci homens bons, éticos e honestos que não eram cristãos.

Na verdade, conheço um homem que é tão excelente e bom que todos querem fazer dele um cristão. Ele se recusa terminantemente, e declara, com firmeza: "Eu não sou cristão". Ele não afirma que está tentando ganhar o céu — ele sabe que está perdido, mas é tão bom em sua vida, caminhos e hábitos, que envergonha muitos cristãos.

Há, também, aqueles que não estão dispostos a entregar tudo porque seu conceito de religião é social, e não espiritual. Isso inclui as pessoas que diluíram a religião do Novo Testamento até que ela não tivesse mais força, nem vida, nem vitalidade. Elas a diluíram com suas opiniões tolerantes. Têm a mente muito aberta — na verdade, a mente dessas pessoas é tão aberta que elas não conseguem andar no caminho estreito. Elas têm uma mentalidade social. Para elas, a religião não passa disso. Não estou preparado para afirmar dogmaticamente que essas pessoas não estão salvas, mas posso declarar que elas não estão preparadas para aquilo de que estou falando. Não há argumento que se possa apresentar contra o fato de que o evangelho de Cristo é essencialmente espiritual, e a verdade cristã, operando na alma humana pelo Espírito Santo, torna homens e mulheres cristãos espirituais.

Ainda existem aqueles que são mais influenciados pelo mundo que pelo Novo Testamento, e, portanto, não estão preparados para o Espírito Santo. Dessas pessoas, temos a dizer que são muito mais influenciadas por Hollywood que por Jerusalém. Seu espírito e seu modo de vida se assemelham mais aos de Hollywood do que aos de Jerusalém. Se você as colocasse repentinamente na Nova Jerusalém, elas não se sentiriam em casa, porque seu estilo, seu modo de pensar, foram forjados pelo entretenimento deste século e não pelas coisas de Deus.

Tenho certeza de que muita coisa em nossos dias que se passa como sendo o evangelho é pouco mais que um caso de religião ortodoxa enxertada num coração que está vendido ao mundo com seus prazeres, gostos e ambições.

Outro grupo que fala sobre o Espírito Santo, mas não está preparado para sua companhia, é aquele que gostaria de estar cheio do Espírito apenas pela emoção.

Acho que está claro que algumas pessoas querem tanto se empolgar que pagariam qualquer preço por isso — exceto o morrer para si mesmas, para o mundo e para a carne.

Para elas, o que estou prestes a dizer agora não terá nenhum significado que soe agradável. É isto: você nunca foi ao lugar em que Deus pode chegar até você. O tipo de ensino que exponho perturba algumas pessoas. Se você está seguindo viagem, pensando que está tudo bem, e um homem de Deus começa a insistir que ainda há muita terra da qual você precisa tomar posse, você provavelmente ficará perturbado. Essa é a primeira pontada que é sentida pela alma que quer conhecer Deus. Sempre que a Palavra de Deus nos alcança e nos convence, ela nos perturba. Mas isso é normal — pois Deus tem de nos abalar, mesmo que isso nos perturbe.

Quando falamos de sermos convencidos pelo Espírito, devemos diferenciar entre conhecer a doutrina cristã intelectualmente e conhecê-la tendo afinidade com ela.

Qualquer um pode aprender credos, catecismos e recitar as doutrinas cristãs de memória, mas outra coisa é deixar que a Palavra de Deus nos alcance com afinidade. Falo a respeito do coração humano que tem afinidade com a Palavra de Deus.

Espero que haja muito mais pessoas famintas por Deus do que imagino. Deus esconde muitos de seus mistérios e segredos de mim, então não tenho ideia de quantas pessoas foram ajudadas pelo meu ministério e pela minha pregação. Agradeço a Deus por aquelas de que tenho conhecimento — algumas das que me falaram de sua recepção da Palavra com "afinidade". De alguma parte veio um profundo desejo, uma abençoada aspiração, um anseio por Deus que é tão real, tão maravilhoso e tão cheio de dor, que elas sabem do que falo — afinidade.

Agora, se você é uma pessoa espiritualmente faminta, Cristo é mais do que um seguro contra o inferno, e o cristianismo é mais do que uma oportunidade de interagir socialmente com pessoas boas. Se Deus é real para você, Cristo é real e seu coração anseia pelo melhor de Deus, quero lhe oferecer essas dicas para ajudá-lo a cultivar a santa amizade do Espírito.

Primeiro, o Espírito Santo é uma pessoa viva e pode ser conhecido em grau crescente de intimidade. Visto que Ele é uma personalidade, nunca pode ser totalmente conhecido em um único encontro.

Um dos grandes erros que cometemos é imaginar que, ao nos aproximarmos de Deus no novo nascimento e recebermos o Espírito de adoção, já sabemos tudo o que podemos saber sobre Deus. Da mesma forma, aqueles que acreditam estar cheios do Espírito Santo após a conversão, também cometem um erro ao pensar que já sabem tudo o que há para saber sobre o Espírito Santo.

Oh meu amigo, apenas começamos! A personalidade de Deus é tão infinitamente rica e multifacetada que serão necessários mil anos de busca minuciosa e comunhão íntima para conhecer tão somente os limites externos de sua natureza gloriosa. Quando falamos sobre comunhão com Deus e com o Espírito Santo, referimo-nos àquilo que começa agora, mas que crescerá, aumentará e amadurecerá enquanto a vida durar. Na verdade, hoje em dia encontro cristãos que parecem desperdiçar sua vida. Eles se converteram a Cristo, mas nunca buscaram um conhecimento crescente de Deus. Há incontáveis perdas e fracassos porque eles aceitaram todo o nível das coisas ao seu redor como sendo normal e desejável.

O Espírito Santo é uma pessoa viva, e podemos conhecê-lo e comungar com Ele. Podemos sussurrar para Ele e, a partir de um versículo favorito da Bíblia ou de um hino amado, escutamos sua voz sussurrando para nós. Andar com o Espírito pode se tornar um hábito. É uma verdadeira graça termos a oportunidade de nos esforçar para conhecer as coisas de Deus por meio de seu Espírito numa amizade que vai além do ponto em que, para ser mantida, precisa de conversas corriqueiras.

Como podemos cultivar essa santa comunhão? Nosso segundo indicador é este: que Jesus Cristo absorva toda a sua atenção.

Você se lembra que Jesus, naquele último dia da festa, ergueu a voz e clamou: "Quem crer em mim, como diz a Escritura, do seu interior fluirão rios de água viva.

Isto ele disse com respeito ao Espírito que haviam de receber os que nele cressem; pois o Espírito até aquele momento não fora dado, porque Jesus não havia sido ainda glorificado" (João 7:37-38). O derramamento do Espírito Santo dependia da glorificação de Jesus Cristo, o Senhor, e esperava por ela. Então, quando ocorreu o Pentecostes e Pedro se levantou para pregar seu portentoso sermão, ele se referiu à mesma passagem e disse, em Atos 2:32-33: "A este Jesus, Deus ressuscitou, do que todos nós somos testemunhas. Exaltado, pois, à destra de Deus, tendo recebido do Pai a promessa do Espírito Santo, derramou isto que vedes e ouvis".

Devemos sempre lembrar que conheceremos o Espírito mais intimamente à medida que dermos mais atenção e importância a Jesus Cristo, o Senhor. Como o próprio Jesus disse, um ministério do Espírito Santo seria receber as coisas de Cristo e mostrá-las a nós.

Isso traz um pensamento complementar — honre a Cristo e o Espírito Santo honrará você. Andamos com o Espírito Santo quando caminhamos com Cristo, pois Cristo sempre estará onde Ele é honrado. O Espírito Santo honrará aquele que honra o Salvador, Jesus Cristo, o Senhor. Vamos honrá-lo dando-lhe o título correto. Vamos chamá-lo de Senhor. Vamos crer que Ele é o Senhor. Vamos chamá-lo de Cristo. Vamos crer que Ele é Cristo. Lembre-se de que "a este Jesus, que vós crucificastes, Deus o fez Senhor e Cristo, e o fez sentar à sua direita, e pôs todas as coisas debaixo dos seus pés, para ser o cabeça sobre todas as coisas" (Atos 2:36; Efésios 1:20-22, paráfrase).

Ao honrarmos Jesus, o Espírito de Deus se alegra dentro de nós. Ele deixa de se conter, comunicando-se conosco e se doando. O Sol nasce e o céu se aproxima quando Jesus Cristo se torna nosso tudo em todos.

Glorificar Jesus é o propósito da igreja, e glorificar Jesus é a obra do Espírito Santo. Posso andar com Ele quando estou fazendo as mesmas coisas que Ele, seguindo o mesmo caminho e andando na mesma velocidade que Ele. Devo honrá-lo pela obediência, pelo testemunho, pela comunhão.

Há outro indicador: Devemos andar em justiça se quisermos conhecer o Espírito Santo em crescente intimidade.

Por que deveríamos tentar argumentar contra o fato de que Deus não pode ter uma doce comunhão com aqueles que não vivem e andam em retidão?

Magnificamos a graça nesta era que está consciente da graça. Nós a magnificamos de maneira desproporcional ao lugar que Deus lhe dá na Bíblia. Temos agora, como Judas previu, "homens ímpios, que transformam em libertinagem a graça de nosso Deus e negam o nosso único Soberano e Senhor, Jesus Cristo" (Judas 4). Temos tanto medo de influenciar negativamente a opinião das pessoas sobre a total suficiência da graça que não ousamos dizer aos cristãos que eles devem viver corretamente.

Paulo escreveu suas epístolas pelo Espírito Santo, e insistiu numa ética interior santa, em regras morais para o íntimo do cristão. Você pode lê-las em Romanos, Coríntios, Efésios, Colossenses e Gálatas. Leia o Sermão da Montanha e os outros ensinamentos de Jesus, e você verá que Ele espera que seu povo seja limpo, puro e correto.

Agora, ouvi falar que um irmão cristão disse: "Tozer não faz distinção entre discipulado e salvação. Você pode ser um cristão sem ser um discípulo".

Deixe-me apenas fazer uma pergunta: Quem disse que você pode ser um cristão sem ser um discípulo? Eu não acho possível ser um cristão sem ser um discípulo. A ideia de que posso ir ao Senhor e, pela graça, ter todos os meus pecados perdoados, ter meu nome escrito no céu, e ter um carpinteiro trabalhando em uma mansão para mim na casa de meu Pai e, ao mesmo tempo, promover o inferno no caminho para o céu é impossível e antibíblico. Isso não pode ser encontrado na Bíblia.

Nunca somos salvos por nossas boas obras, mas não somos salvos sem boas obras. Da nossa fé salvadora em Jesus Cristo brotam imediatamente a bondade e a justiça. A primavera não é trazida pelas flores, mas você não pode ter primavera sem flores. Não é a minha justiça que salva, mas a salvação que recebi traz justiça.

Acho que devemos enfrentar isso agora — precisamos andar em justiça se quisermos prosseguir em conhecer o Senhor. O homem que não está pronto para viver corretamente não está salvo, não será salvo e verá seu engano naquele grande dia.

A graça de Deus que traz salvação ensina ao coração que devemos renegar a impiedade e as paixões mundanas, e viver, no mundo presente, sensata, justa e piedosamente (Tito 2:11-12, paráfrase). Aí você tem as três dimensões da vida: sensatamente — para comigo mesmo; justamente — para com meu próximo; e piedosamente — para com Deus. Não devemos cometer o erro de pensar que podemos ser espirituais e não ser bons.

Não posso acreditar que um homem esteja a caminho do céu quando habitualmente realiza atos que indicariam logicamente que ele estaria a caminho do inferno.

Como podem dois andarem juntos, se não estiverem de acordo? Ele é o Espírito Santo, e se eu andar de uma forma que não é santa, como posso estar em comunhão com Ele?

O quinto ponto de ajuda é este: faça dos pensamentos um santuário puro.

Deus nos revela que nossos pensamentos fazem parte de nós. Alguém disse que "pensamentos são coisas", e o Espírito busca tudo, escuta tudo, é todo-amor e é puro.

Você pode imaginar um homem com pensamentos maliciosos e malignos no coração tendo a companhia do amoroso Espírito Santo?

Você pode imaginar um homem cheio de egoísmo conhecendo intimamente o Espírito Santo?

Você pode imaginar um homem que é um enganador tendo comunhão abençoada com o Espírito Santo? Nunca!

Meu amigo, se habitualmente você se entrega a ter, abrigar e saborear pensamentos impuros, você não comunga com o Espírito Santo.

Mantenha a mente pura. Limpe o santuário do jeito que o velho Ezequias fez. Seus compatriotas haviam sujado aquele santuário. Ao assumir o trono, Ezequias reuniu todos os sacerdotes. Eles levaram dias e dias, mas retiraram toda a sujeira e a queimaram, jogando-a na ribanceira e se livrando dela. Depois voltaram e santificaram o templo. Então o bendito Deus se fez presente e eles resgataram a adoração.

Nossos pensamentos são as ornamentações dentro do santuário no qual vivemos. Se esses pensamentos são purificados pelo sangue de Cristo, estamos vivendo em um cômodo limpo, mesmo que estejamos vestindo um macacão coberto de graxa. Nossos pensamentos decidem, em grande parte, o humor, a atmosfera e o clima dentro de nosso ser, e Deus considera os pensamentos como parte de nós. Eles devem ser pensamentos de paz, de piedade, de misericórdia e bondade, de caridade, de Deus e do Filho de Deus — essas são coisas puras, boas e elevadas.

Se quisermos cultivar o conhecimento do Espírito, devemos, portanto, ter o controle dos pensamentos. Nossa mente não deve ser um deserto por onde passa todo tipo de pensamento impuro.

Novamente, para o tipo de comunhão da qual estamos falando, procure conhecê-lo em sua Palavra.

Lembre-se de que o Espírito de Deus inspirou a Palavra e Ele se revelará na Palavra. Eu realmente não tenho nenhuma simpatia por aqueles cristãos que negligenciam a Palavra, ignoram a Palavra ou recebem revelações à parte da Palavra. Afinal, este é o Livro de Deus e, se o conhecermos bem o suficiente, teremos a resposta para todos os problemas do mundo.

Todo problema que nos atinge é respondido no Livro — fique com a Palavra! Quero pregar a Palavra, amar a Palavra e fazer dela o elemento mais importante da minha vida cristã.

Leia-a muito, leia-a com frequência, seja obcecado por ela, pense nela, medite nela — reflita na Palavra de Deus dia e noite. Ao acordar à noite, pense em um versículo útil. Quando se levantar de manhã, não importa como se sinta, pense em um versículo e faça da Palavra de Deus o elemento importante do dia. O Espírito Santo inspirou a Palavra e, se você der muito valor à Palavra, Ele dará muito valor a você. É por meio da Palavra que Ele se revela. Entre essas capas se encontra um livro vivo. Deus o inspirou e ele ainda é vital, eficaz e intenso. Deus está neste Livro, o Espírito Santo está neste Livro e, se você quiser encontrá-lo, vá a este Livro.

Que os santos do passado sejam nosso exemplo. Eles iam à Palavra de Deus e meditavam nela. Eles colocavam a Bíblia na cadeira antiquada, feita à mão, sentavam-se no velho piso de tábuas e meditavam na Palavra. Enquanto esperavam, a fé crescia. O Espírito e a fé iluminavam. Eles tinham apenas uma Bíblia com letras miúdas, margens estreitas e papel ruim, mas eles conheciam a Bíblia melhor do que alguns de nós com todos os materiais auxiliares que temos.

Pratiquemos a arte da meditação bíblica. Mas, por favor, não pegue essa frase, saia por aí e forme um clube — já nos organizamos demais. Apenas medite. Sejamos apenas cristãos simples e meditativos. Abramos as Bíblia, estendendo-a sobre a cadeira, e meditemos na Palavra de Deus. Ela se abrirá para nós, e o Espírito de Deus virá e irá pairar sobre ela.

Eu o desafio a meditar silenciosamente, com reverência e oração por um mês. Deixe de lado as perguntas e respostas e o preenchimento de linhas em branco nas partes que não conseguir entender. Jogue fora todo o lixo barato e pegue a Bíblia, ajoelhe-se e diga com fé: "Pai, aqui estou. Comece a me ensinar". Ele certamente o ensinará sobre Ele, sobre Jesus, o Espírito, a vida e a morte, o céu e o inferno, e sobre a própria presença dele.

Por fim, a última dica é cultivar a arte de reconhecer a presença do Espírito em todos os lugares, o tempo todo.

O Espírito do Senhor enche o mundo. O Espírito Santo está aqui e você descobrirá que é impossível simplesmente sair e se esconder de sua presença. Davi tentou, e no Salmo 139 relata como descobriu que não conseguia se afastar de Deus: "Se subo aos céus, lá estás; se faço a minha cama no mais profundo abismo, lá estás também. Se me [...] detenho nos confins dos mares, ainda lá me haverá de guiar a tua mão". Ele continua: "Se eu digo: as trevas, com efeito, me encobrirão [...] até as próprias trevas não te serão escuras". Davi testificou que não podia fugir da presença de Deus.

Se você estiver interessado nele, você o encontrará onde estiver. A presença dele está em toda parte ao seu redor. Quando você acorda de manhã, em vez de enterrar a cabeça atrás de um jornal, você não consegue

A SANTA COMUNHÃO DO ESPÍRITO SANTO | 175

ter simplesmente alguns pensamentos sobre Deus enquanto come uma fruta? Lembre-se, cultivar a amizade com o Espírito Santo é uma tarefa. É algo que você faz e, todavia, é tão fácil e prazeroso.

Agora, recomendo que descubra o que está atrapalhando você em sua experiência cristã. Você não fez progressos. Não conhece Deus tão bem quanto antes. Tudo depende de como você deve responder certas perguntas sobre sua vida e seus hábitos diários — algumas coisas que você faz e outras que não está fazendo. Elas ajudam a esconder a face de Jesus de você? Essas coisas esfriam e sufocam seu progresso espiritual? Tiram a alegria do seu espírito? Elas tornam a Palavra de Deus um pouco menos encantadora? Elas tornam a Terra mais desejável e o céu mais distante?

Talvez seja necessário o arrependimento. Pode ser preciso colocar algo em ordem antes que o Espírito Santo venha e lhe aqueça o coração, refrescando-o e tornando-o fragrante com a sua presença. É assim que cultivamos a amizade com o Espírito e o companheirismo dele.

9

A conversão no Novo Testamento e o Espírito Santo: *a diferença nos discípulos*

Eis que envio sobre vós a promessa de meu Pai; permanecei, pois, na cidade, até que do alto sejais revestidos de poder.

Lucas 24:49

ESBOÇO

Introdução

Deve ter havido uma razão convincente pela qual Jesus disse aos discípulos para irem por todo o mundo, porém depois disse: "Mas não vão ainda!". É isso que queremos avaliar — a diferença na vida dos discípulos depois que a plenitude do Espírito Santo desceu sobre eles.

1. *Os discípulos eram homens convertidos antes do Pentecostes.*
   a. Lembre-se de como Jesus orou por eles em João 17.
2. *Deus estava introduzindo uma mudança de dispensação.*
   a. Essa mudança devia ser acompanhada por uma experiência espiritual elevada.
   b. A pessoa do Espírito viria com poder.
3. *As qualidades dos discípulos ainda antes do Pentecostes.*
   a. Eles tinham autoridade como discípulos de Cristo.
   b. Eles tinham poder para fazer milagres.
4. *Sete coisas que vieram aos crentes quando ficaram cheios do Espírito.*
   a. Conhecimento da presença real de Deus.
   b. Posse da verdadeira alegria do Espírito Santo.

c. Suas palavras agora penetravam e prendiam a atenção.
d. Senso claro da realidade de todas as coisas.
e. Separação acentuada entre o crente e o mundo.
f. Um novo e grande deleite na oração.
g. Um amor renovado pelas Escrituras.

AQUI TEMOS UMA VERDADE MUITO simples, clara e forte — o Espírito Santo faz a diferença! Nosso Senhor disse aos discípulos que eles tinham diante de si uma tarefa que abalaria o mundo. Essa tarefa era pregar para toda criatura o evangelho de Cristo, e sua redenção e a transformação oriundas dele.

No entanto, depois de dizer a eles para irem e pregarem as boas-novas de que os homens podem ser salvos pela fé, Ele os proibiu de ir. Deve ter havido uma razão muito convincente para que esperassem para colocar em prática as instruções recebidas.

A fim de avaliar a grande diferença operada nos homens sobre os quais o Espírito Santo veio com poder, examinaremos primeiro esses discípulos com quem Jesus conversou.

Lembrem-se de que eles foram seus discípulos chamados e escolhidos.

As Escrituras nos dizem claramente quem eles eram, e descreve o longo curso de aprendizado pelo qual receberam o ensino do próprio Senhor Jesus Cristo. Nesse sentido, eles se formaram na maior escola bíblica do mundo. O próprio Jesus os havia ensinado por mais de três anos.

Observe também que eles receberam e tinham uma autoridade divina.

Esses discípulos tinham uma autoridade que pouquíssimas pessoas ousariam tentar exercer agora. Jesus lhes disse: "Vão a todos os lugares. Ao expulsarem demônios, curarem os enfermos, tomem toda a minha autoridade". Ele não concede autoridade a pessoas sem nenhuma experiência espiritual. Tenha certeza disso! As pessoas a quem Jesus disse "Permanecei [...] até que do alto sejais revestidos de poder" realmente conheciam Jesus Cristo de forma calorosa e pessoal. Estiveram com Ele durante três anos; viram-no morrer na cruz; viram-no depois que ressuscitou dos mortos; portanto, eles o conheceram em vida, morto e redivivo. Mostraram evidências de serem pessoas verdadeiramente convertidas.

Algumas pessoas ensinam que os discípulos se converteram quando o Espírito desceu sobre eles no Pentecostes. Francamente, não acredito nisso de jeito nenhum. Essa é uma deturpação moderna que deram à doutrina a fim de abrir espaço para sua própria carnalidade fria.

Acredito que os discípulos mostraram evidências de serem homens verdadeiramente convertidos, e Cristo os declarou como tais. Se você duvida disso, leia a oração que Jesus fez sobre esses discípulos em João 17:7: "eles reconhecem que todas as coisas que me tens dado provêm de ti; porque eu lhes tenho transmitido as palavras que me deste, e eles as receberam, e verdadeiramente conheceram que saí de ti, e creram que tu me enviaste. É por eles que eu rogo".

Então, no versículo 12, Jesus orou: "Quando eu estava com eles, guardava-os no teu nome". Então Ele disse, no versículo 14: "Eu lhes tenho dado a tua palavra, e o mundo os odiou, porque eles não são do mundo, como também eu não sou". Estas foram as coisas que Jesus disse a seu Pai sobre seus discípulos. Isso não soa como o Senhor falando sobre um bando de pecadores que ainda precisam se converter.

Deixe-me lembrá-lo novamente que Jesus Cristo delineou um programa de evangelização mundial para os discípulos e prometeu que eles receberiam o poder do Espírito Santo a fim de testemunhar em efetivamente até os confins da Terra. Ele lhes disse que deveriam entrar em uma nova era. Deus estava prestes a introduzir uma mudança de dispensação, mas Ele a introduziria sem uma experiência espiritual intensificada e elevada.

Deus tem suas dispensações ao lidar com os homens, mas Ele não tem calendários, então Ele pode simplesmente retirar janeiro e colocar fevereiro e, assim, mudar e alterar as dispensações dessa maneira. Suas dispensações têm a ver com pessoas — não com calendários. Elas têm a ver com a experiência espiritual, não com uma medida de tempo. Quando eles entrassem em uma nova era, não seria apenas a mudança de uma dispensação para outra, mas ela seria introduzida pela vinda de uma nova capacitação e inspiração do alto. Deveria ser inaugurado um poder que não estava disponível antes. Esse poder devia entrar neles, possuí-los e trazer-lhes Deus de uma nova maneira. O poder, na verdade, seria uma pessoa que entraria e habitaria neles.

Agora, essa é a diferença entre o cristianismo e todos os cultos e seitas orientais. Todas as seitas tentam despertar o que você já tem, e o cristianismo diz: "O que você tem não é suficiente — você precisará da capacitação vinda do alto". Essa é a diferença. Os outros dizem: "Desperte o que há em você", e esperam que isso seja suficiente.

A título de ilustração, se houvesse quatro ou cinco leões vindo em sua direção, você nunca pensaria em dizer a um pequeno poodle francês: "Desperte o leão que há em você". Isso não funcionaria — não seria suficiente. Eles mastigariam o cachorrinho e o engoliriam, com pelo tosado e tudo, porque um poodle francês simplesmente não é páreo para uma alcateia de leões. Algum poder fora dele teria que torná-lo maior e mais forte que o leão para que ele pudesse vencer. Isso é exatamente o que o Espírito Santo afirma fazer pelo cristão, mas as seitas ainda declaram: "Concentre--se, liberte sua mente e libere os poderes criativos que há dentro de você".

Com efeito, tais poderes criativos não estão dentro de nós. Começamos a morrer no momento em que nascemos. Muitas vezes me perguntei por que os bebês choram assim que nascem — será que eles não querem morrer? Eles começam a morrer no minuto em que nascem. Todo esse ensinamento sobre potenciais ocultos, impulsos criativos e despertar seu verdadeiro eu é difícil de defender, pois andamos pela Terra mal conseguindo seguir em frente. E, à medida que envelhecemos, a gravidade nos puxa e lentamente nos arrasta para baixo, e finalmente nos derruba. No final, desistimos, com um suspiro, e voltamos para a mãe Terra. Esse é o tipo de potencial que a raça humana tem — o potencial para ser um cadáver.

O Deus todo-poderoso nos diz: "Não quero despertar o poder que vocês têm dentro de si. Vocês receberão o poder do Espírito Santo, que virá sobre vocês". Isso é uma coisa completamente diferente. Se tivéssemos apenas que ser despertados, o Senhor simplesmente teria vindo para nos acordar — mas precisamos mais do que isso. Precisamos ser dotados de poder do alto.

Desse modo, eles deveriam entrar em uma nova era marcada por algo grandiosamente novo — uma condição espiritual enriquecida. Quais são, então, as diferenças que vemos nesses discípulos como resultado?

Primeiro, a fim de esclarecer, daremos uma olhada em algumas das coisas que esses discípulos já possuíam antes da vinda do Espírito Santo. Portanto, obviamente, havia bênçãos que Deus não precisava trazer no Pentecostes.

Por exemplo, eles eram verdadeiros discípulos e tinham consciência de seu discipulado e da autoridade que Cristo lhes dera. Eles eram os queridos discípulos do próprio Senhor. Isso não ocorreu no Pentecostes. Eles se converteram, receberam o perdão e tiveram comunhão com Cristo, e tinham algo que muitos ministros não têm hoje — o dom de pregar. "E eles, tendo partido, pregaram em toda parte" (Marcos 16:20). Além disso, eles tinham o poder de fazer milagres, de modo que, quando voltaram contando as manifestações de seu poder, o Senhor os repreendeu por orgulho e lhes disse que deveriam se alegrar, ao contrário, porque seus nomes estavam escritos no céu. Mas Ele não negou que tivessem exercido seu poder, pois sabia que o faziam. Ele mesmo lhes havia concedido esse poder. Alguns ensinam que, se você estiver cheio do

Espírito, fará milagres, esquecendo-se de que os discípulos tinham o poder dos milagres antes de estarem cheios do Espírito.

O poder do Espírito Santo não é necessário para fazer milagres. O poder do Espírito Santo é algo infinitamente mais elevado, mais grandioso e mais maravilhoso do que isso. Eles fizeram milagres antes que o Espírito viesse.

Agora, vamos considerar a diferença na vida e experiência dos discípulos quando o Espírito Santo veio sobre eles, quando não estavam mais nos dias pré-Pentecostes, mas já estavam na era pós-Pentecostes, após o derramamento do Espírito Santo.

É fácil listar sete coisas que o Espírito Santo fez por eles, e você pode conferir cada uma delas nas Escrituras. Acho que devemos colocar a ênfase onde Deus a coloca, e devemos continuar a colocá-la ali, expondo a Bíblia e permanecendo no ensino claro que ela nos traz. Aqui estão as sete coisas:

Primeiro, eles tiveram a repentina e clara consciência da presença real do Deus vivo.

Eles conheciam Jesus e o amavam, mas na vinda do Espírito Santo houve o súbito e esclarecedor conhecimento de que o próprio Deus realmente estava presente com eles. Um véu foi rasgado e eles sentiram Deus, e o senso de uma aguda consciência de Deus esteve sobre eles a partir daquele momento. Eles sabiam que estavam em contato imediato com outro mundo, e isso é o que a igreja evangélica em geral não tem hoje.

Não estamos em contato com outro mundo — na verdade, estamos muito felizes em contato com este mundo e com o que ele pode oferecer. Esses discípulos eram "de outro mundo". Acredito que um senso de Deus e do céu deve estar em nós. Devemos viver dia a dia com o conhecimento e a consciência de Deus e do céu, sejamos homens de negócios, fazendeiros, professores, donas de casa, estudantes ou o que quer que for. Posso dizer a você que somente o Espírito Santo pode dar, trazer, transmitir e manter esse senso da presença divina. Para aqueles discípulos no Pentecostes foi como se uma nuvem tivesse sido removida e a cidade de Deus, cuja presença antes não era suspeitada nem vista, de repente se tornasse claramente visível diante de seus olhos.

A segunda diferença era esta: eles realmente receberam a alegria do Espírito Santo.

Podemos notar a mudança do tom emocional que veio imediatamente. Nos quatro Evangelhos não havia muita alegria. Havia instrução e uma paz calma e silenciosa, mas não muita alegria. Quando passamos para o livro de Atos, eles mudam do tom menor para o maior. Isso me faz pensar nas velhas canções judaicas escritas em tom menor. Elas são tristes e sombrias, mas o ponto é — elas não têm verdadeira alegria. Elas trazem

A CONVERSÃO NO NOVO TESTAMENTO E O ESPÍRITO SANTO | 187

gemidos, súplicas e lamentos, mas nunca proporcionam alegria interior.

Estou pensando no querido povo de Deus, sempre orando por alegria, por luz, por todas as bênçãos, e ainda assim não as recebem. Entusiasmam-se no domingo, depois diminuem o ritmo e começam em um nível mais baixo na segunda-feira. Talvez voltem a se entusiasmar um pouco na noite de quarta-feira, mas o ponto é que isso não permanece. O sino perde seu sonido, seu badalo. Não toca; não mais.

Bem, a alegria e a felicidade desses discípulos eram agora a alegria, a bênção e o deleite do Espírito Santo. A felicidade deles não era mais a felicidade de Adão — não era a felicidade da natureza. Os seres humanos estão ocupados tentando produzir algum tipo de alegria. Tentam encontrá-la em salões de dança, com bandas de rock and roll, recorrem a programas de televisão. Mas ainda não vemos rostos verdadeiramente felizes — as pessoas sempre parecem estar em algum tipo de transe frio. Esse é o esforço para produzir a alegria em Adão, mas Adão não é, de fato, feliz. O Adão tem que morrer, voltar ao pó e ir para o inferno, a menos que seja convertido pelo sangue de Cristo. Não, a raça humana não é verdadeiramente feliz — somos tudo, menos isso! A alegria do Espírito Santo não é algo produzido — é uma alegria pós-ressurreição. Cristo saiu da sepultura, e o Espírito do Cristo ressuscitado volta para o seu povo. A alegria que temos é a alegria que olha para trás, para a sepultura. Esta não é uma alegria que temos apesar do conhecimento de que morreremos — é uma alegria que resulta do fato de que, em Cristo, já morremos e ressuscitamos, e de que não há morte real para o verdadeiro filho de Deus.

A terceira diferença que o Espírito Santo provocou neles consiste no impressionante poder contido nas palavras que proferiam, que penetravam os corações de seus ouvintes e os arrebatavam.

Não preciso dizer que há uma diferença no poder penetrante das palavras. As mesmas palavras, a mesma frase dita por uma pessoa trará convicção a você, mas dita por outra pessoa pode deixá-lo completamente indiferente. Essa é a diferença feita pelo Espírito Santo. Jesus declarou: "sejais revestidos de poder", e a palavra "poder" significa a capacidade de fazer. Quando Pedro pregou no Pentecostes, as pessoas tiveram o coração tocado quando o escutaram. Elas foram aguilhoadas. Atos 2 diz: "Ouvindo eles estas coisas, compungiu-se--lhes o coração e perguntaram a Pedro e aos demais apóstolos: 'Que faremos, irmãos?'" Essa é a pontada no coração.

Não cito o grego com muita frequência porque dá a impressão de que um homem sabe mais do que realmente conhece. Mas quando se diz no Evangelho de João que o soldado perfurou o lado de Jesus, a palavra grega usada não é tão forte quanto a palavra "compungiu", usada aqui em Atos. Resumindo, as palavras de Pedro no Pentecostes penetraram mais fundo no coração dos ouvintes do que a lança penetrou no corpo de Jesus. A palavra é mais forte no grego. O Espírito Santo penetrou, e essa é uma das obras do Espírito Santo. Ele vem e penetra. Ele afia a ponta das flechas do homem de Deus. Moody disse que pregou os mesmos sermões depois de estar cheio do Espírito, mas experimentou uma grande diferença — porque então ele tinha aquele poder que penetrava. Antes, ele simplesmente tentava argumentar com as pessoas, implorando e persuadindo-as a vir. Depois, houve a penetração divina que atravessou direto — foi além da capacidade de raciocínio e entrou no ser de sua audiência.

Em quarto lugar, surgiu, de repente, o senso claro da realidade de todas as coisas.

Você notará que, ao longo dos quatro Evangelhos, os discípulos faziam perguntas — enquanto que, no livro de Atos e depois do Pentecostes, eles respondiam perguntas. Essa é a diferença entre o homem que está cheio do Espírito e o homem que não está. O pregador que não está cheio do Espírito usa muitas frases como: "E agora, coloquemo-nos esta questão". Sei que você já escutou isso do púlpito: "Agora, nos perguntemos". Muitas vezes não entendi por que o reverendo queria fazer uma pergunta a si mesmo. Por que ele não resolveu isso no escritório antes de subir ao púlpito? "Que diremos?" e "O que devemos pensar?" Deus nunca colocou um pregador no púlpito para fazer perguntas. Ele coloca o pregador no púlpito para responder perguntas. Ele o coloca lá com autoridade para se levantar, em nome de Deus, falar e responder perguntas.

Nos quatro Evangelhos, os discípulos fizeram muitas perguntas. "Senhor, será? Senhor, como será? Senhor, quem? Senhor, o quê?". Mas agora eles tinham autoridade e respondiam perguntas. O mesmo Pedro que se esgueirou e foi esquentar as mãos no fogo do mundo, e depois mentiu para a pequena mulher que reconheceu seu sotaque, estava agora, ousadamente, de pé, pregando a Palavra do Senhor. Havia uma diferença. Havia autoridade.

Não quero ser indelicado, mas tenho certeza de que deveria haver muito mais autoridade no púlpito do que há agora. Um pregador deve reinar de seu púlpito como um rei de seu trono. Ele não deve reinar pela lei, nem pelos regulamentos e nem pelas reuniões do conselho ou pela autoridade do homem. Ele deve reinar por ascendência moral.

Quando um homem de Deus se levanta para falar, deve ter a autoridade de Deus sobre ele para que as pessoas parem para ouvi-lo. Quando não quiserem ouvi-lo, ficarão responsáveis perante Deus por se desviarem da Palavra divina. No lugar dessa autoridade necessária, temos gatos mansos com as garras cuidadosamente aparadas no seminário, para que possam só tocar as congregações com a pata, sem arranhá-las. Suas garras foram aparadas, e são macias e suaves.

Deixe-me lhe dizer que me converti ao escutar um homem que pregava numa esquina. Eu era um jovem trabalhador e me filiei à igreja mais próxima — meu conhecimento era muito pouco. A primeira vez que apertei a mão do pastor foi como apertar a mão de um bebê — ele não trabalhava desde os 18 anos, tenho certeza, porque suas mãos eram muito macias. Lembro que ele pregou num domingo sobre uma harpa, usando o tema: "Uma harpa de mil cordas". Ele não falou muito, mas falou de maneira bonita, finalizando assim: "Tenho certeza de que a alma de um homem é a harpa de mil cordas".

Fui para casa — e não ouvi nenhuma harpa. Não escutei nenhuma autoridade. Acredito na autoridade de Deus, e acredito que, se um homem não a tem, deve ir embora, orar, esperar até recebê-la e então se levantar e falar, mesmo que isso signifique pregar de cima de um caixote numa esquina. Vá a uma missão de resgate e pregue com autoridade!

A quinta coisa foi esta: a plenitude do Espírito Santo traz uma nítida separação entre o crente e o mundo.

Na verdade, depois do Pentecostes, eles passaram a olhar para outro mundo. Eles realmente viam outro mundo.

Hoje em dia, percebemos que uma grande parte do cristianismo evangélico tenta converter este mundo à igreja. Estamos trazendo o mundo para a igreja, mas porque estamos apaixonados por este mundo não regenerado, impuro, não absolvido, não batizado, não santificado. Estamos trazendo o mundo diretamente para dentro da igreja. Se pudermos conseguir que algum figurão diga algo bom sobre a igreja, apressamo-nos a publicar e a falar sobre esse indivíduo e contar as coisas boas que ele disse. Não me importo nem um pouco com figurões porque sirvo a um Salvador vivo, e Jesus Cristo é o Senhor dos senhores e o Rei dos reis. Acredito que todo homem deveria conhecer essa capacidade de ver outro mundo.

A sexta grande diferença era esta: eles tinham grande prazer na oração e na comunhão com Deus.

Você se lembra de que nas ocasiões de oração registradas nos Evangelhos, o único que conseguia ficar acordado era Jesus? Outros tentaram orar, mas vieram a Ele e disseram: "Ensina-nos a orar!". Ele sabia que você simplesmente não pode ensinar alguém a orar. Algumas das igrejas, hoje em dia, anunciam cursos sobre como orar. Que ridículo! Isso é como dar um curso de como se apaixonar. Quando o Espírito Santo vem, Ele pega as coisas de Deus e as traduz em uma linguagem que nosso coração possa entender. Mesmo que não conheçamos a vontade de Deus, o Espírito Santo a conhece e ora com gemidos inexprimíveis. Esses discípulos eram pessoas de oração — no livro de Atos você os encontrará em reuniões de oração. Mas, antes, eles dormiam. A diferença ocorreu pelo Espírito — agora eles tinham grande prazer em orar.

O sétimo e último pensamento diz respeito à maneira pela qual eles amavam a Palavra de Deus. Você notará que Jesus citou as Escrituras nos Evangelhos, mas os discípulos citaram as Escrituras no livro de Atos. Houve uma diferença!

Lembro-me de ouvir um querido santo de Deus dizer: "Quando fiquei cheio do Espírito, passei a amar tanto a Bíblia que, se pudesse ter mais da Palavra de Deus dentro de mim comendo-a, eu teria comido esse Livro. Eu literalmente o teria pegado e comido — com a capa de couro e tudo — se assim eu pudesse colocar mais desse Livro dentro do meu coração".

Bem, você não consegue internalizar a Bíblia comendo-a, mas a Palavra de Deus é doce para a pessoa cheia do Espírito porque foi o Espírito que inspirou a Bíblia. Você não pode ler as Escrituras com o espírito de Adão, pois elas foram inspiradas pelo Espírito de Deus. O espírito do mundo não aprecia as Escrituras — é o Espírito de Deus que as aprecia. Um pequeno lampejo do Espírito Santo lhe dará mais iluminação interior e divina sobre o significado do texto do que todos os comentaristas que já escreveram. Sim, tenho comentários — apenas estou tentando lhe mostrar que, se você tiver tudo o mais, mas não a plenitude do Espírito, não terá nada. Quando você tem o Espírito Santo, Deus pode usar tudo e qualquer coisa para ajudar em sua iluminação.

Em nossos dias, tendemos a viver de boatos. Nosso senso de realidade foi borrado e tornou-se vago. Perdemos completamente a capacidade de nos maravilhar.

É justamente aqui que devo relatar as coisas que aconteceram na Europa entre os morávios, em 1727. Eles eram pessoas quietas, como você e eu, mas esperaram e prepararam o coração, e certa manhã, de repente, aquilo que eles chamaram de "um senso da amorosa proximidade do Salvador, concedido de maneira instantânea" veio sobre eles.

Agora, quando se permite que o Espírito Santo venha com particular intimidade a uma alma humana, Ele nunca fala sobre si mesmo, mas sempre sobre o Senhor Jesus Cristo.

Ele vem para revelar Jesus, e embora tenha sido o Espírito Santo que desceu sobre aquele grupo morávio em 1727, eles não falaram de um senso da amorosa proximidade do Espírito. Afirmaram: "Um senso

A CONVERSÃO NO NOVO TESTAMENTO E O ESPÍRITO SANTO | 195

da amorosa proximidade do Salvador, concedido de maneira instantânea".

O conde Zinzendorf escreveu que o pequeno grupo de 75 cristãos alemães se levantou e saiu daquele prédio tão feliz e alegre que não sabia se estava na Terra ou se havia ido para o céu. O historiador diz que, como resultado dessa experiência, em vinte curtos anos aqueles cristãos morávios cheios do Espírito fizeram mais pelas missões mundiais do que toda a igreja, em todas as partes, havia feito em duzentos anos. Essa experiência fez deles missionários, e eles regaram seu trabalho e sua missão com a oração.

Sabe o que aconteceu? Os morávios converteram um homem — Charles Wesley, e depois seu irmão, John Wesley. John Wesley atravessava o oceano Atlântico e surgiu uma tempestade tão grande que até os marinheiros temeram. Ele descobriu que apenas o pequeno grupo de cristãos da Morávia não demonstrava medo. Eles se ajuntaram e ficaram cantando hinos com o rosto radiante. Quando lhes perguntaram por que não oravam e por que estavam felizes, responderam: "Se o Senhor quiser que todos nós nos afoguemos, a morte repentina será uma glória repentina".

Wesley, respeitável anglicano, não sabia como reagir a isso, mas a resposta penetrou profundamente sua alma. Ele foi falar com seu irmão, Charles, e descobriu que ele já havia se convertido.

Então John foi até Peter Bowler, o morávio, e disse: "Peter, meu irmão Peter, não tenho o que você tem e não tenho o que meu irmão Charles tem. O que farei?".

Bowler respondeu: "É pela graça, irmão, é tudo pela graça!".

John Wesley acrescentou: "Bem, eu não tenho graça. O que vou fazer? Devo parar de pregar?".

Peter Bowler lhe replicou: "Pregue a graça porque está na Bíblia e, depois de obtê-la, pregue-a porque você a possui".

Logo John Wesley sentiu o coração estranhamente aquecido, e mais tarde o metodismo se espalhou por todo o mundo. O Exército da Salvação nasceu dessa mesma manifestação pentecostal entre os morávios em 1727. Não havia nada radical, não havia línguas, ninguém subia em um poste ou rastejava na palha. Esses eram alemães bons e bem-comportados, mas o Espírito Santo veio para onde deveria estar — dentro deles, tornando Jesus real. Eles ficaram tão cheios de alegria que mal conseguiam sobreviver.

O Novo Testamento fala do sentimento de "ficar admirado" entre os primeiros cristãos. A igreja em nossos dias parece ter perdido isso. Podemos explicar tudo, mas há uma nota constante de alegre surpresa percorrendo o livro de Atos e as epístolas. Diariamente, eles desfrutavam das abençoadas surpresas do Deus vivo. Ele os abençoou a ponto de ficarem admirados.

Lembro que o Dr. R. R. Brown, de Omaha, certa vez me disse: "Deus é tão bom para mim que me assusta!". Ele usou a palavra assustar em vez de surpreender, mas é isso que quero dizer. O sentimento de admiração está sobre nós desde que o Espírito Santo veio, e é disso que precisamos. Que Deus o conceda a nós! Sem dúvida, o Espírito Santo faz a diferença!

10

A pomba de Gênesis retrata o Espírito Santo: *rejeitada pela corrupção*

Viu o Senhor que a maldade do homem se havia multiplicado na terra e que era continuamente mau todo o desígnio do seu coração; então, se arrependeu o Senhor de ter feito o homem na terra, e isso lhe pesou no coração. Disse o Senhor: "Farei desaparecer da face da terra o homem que criei, o homem e o animal, os répteis e as aves do céu; porque me arrependo de os haver feito".

Gênesis 6:5-7

Então, disse Deus a Noé: "Resolvi dar cabo de toda a carne, porque a terra está cheia da violência dos homens; eis que os farei perecer junto à terra. Faze uma arca de tábuas de cipreste; nela farás compartimentos e a calafetarás com betume por dentro e por fora".

GÊNESIS 6:13-14

No ano seiscentos da vida de Noé, aos dezessete dias do segundo mês, nesse dia romperam-se todas as fontes do grande abismo, e as comportas dos céus se abriram, e houve copiosa chuva sobre a terra durante quarenta dias e quarenta noites.

GÊNESIS 7:11-12

Pereceu toda carne que se movia sobre a terra, tanto de ave como de animais domésticos e animais selváticos, e de todos os enxames de criaturas que povoam a terra, e todo homem. [...] Assim, foram exterminados todos os seres que havia sobre a face da terra; o homem e o animal, os répteis e as aves dos céus foram extintos da terra; ficou somente Noé e os que com ele estavam na arca.

GÊNESIS 7:21, 23

Ao cabo de quarenta dias, abriu Noé a janela que fizera na arca e soltou um corvo, o qual, tendo saído, ia e voltava, até que se secaram as águas de sobre a terra. Depois, soltou uma pomba para ver se as águas teriam já minguado da superfície da terra; mas a pomba, não achando onde pousar o pé, tornou a ele para a arca; porque as águas cobriam ainda a terra. Noé, estendendo a mão, tomou-a e a recolheu consigo na arca. Esperou ainda outros sete dias e de novo soltou a pomba fora da arca. À tarde, ela voltou a ele; trazia no bico uma folha nova de oliveira; assim entendeu Noé que as águas tinham minguado de sobre a terra. Então, esperou ainda mais sete dias e soltou a pomba; ela, porém, já não tornou a ele.

GÊNESIS 8:6-12

ESBOÇO

INTRODUÇÃO

Desde a queda do ser humano, Deus sempre encontrou o pecado, o mal e a corrupção ao sondar os corações dos homens. Existem pessoas "boas" no mundo que fazem coisas boas, mas pessoas sem o novo nascimento, mesmo aquelas empenhadas em suas boas obras, não podem receber o Espírito de Deus.

1. *O julgamento de Deus sobre a humanidade no dilúvio.*
   a. Deus se entristeceu porque amava.
   b. O plano de Deus — que a raça humana não perecesse.
2. *Noé solta o corvo.*
   a. O corvo se farta da podridão resultante do juízo divino.
   b. O corvo acha um lugar para ficar — e não volta.
   c. O homem agora se sente completamente em casa em um mundo sob juízo.
3. *Noé solta a pomba pura e sensível.*
   a. Ela logo voltou — não havia lugar para pousar.
   b. O Espírito Santo está inquieto — Ele não pode descer.
   c. O cristianismo evangélico se tornará liberal, a menos que o Espírito Santo desça e permaneça.
4. *Razões para o desagrado de Deus entre os cristãos.*
   a. Recusamo-nos a deixar a impureza, a desonestidade, o ressentimento, o

despeito, o ciúme, o individualismo, o egoísmo, o orgulho, a falta de perdão e outros pecados.

b. Ilustração da vida do Dr. Robert Jaffray.

PRESTEMOS ATENÇÃO ESPECIAL EM GÊNESIS 8:9: "Mas a pomba, não achando onde pousar o pé...".

Primeiro, porém, devemos pensar sobre o tipo de mundo que Deus viu e julgou antes do dilúvio. Ele examinou o coração dos homens e viu que a humanidade era corrupta e perversa, continuamente cheia de maus pensamentos e imaginações.

E o que Ele vê agora? Esta é uma boa passagem para lembrarmos do que a Palavra de Deus diz sobre a necessidade do Espírito Santo em nosso mundo e sobre a verdadeira avaliação daqueles a quem o mundo chama de seus "homens bons".

Por que, quando falou do Espírito Santo, Jesus disse: "que o mundo não pode receber, porque não o vê, nem o conhece" (João 14:17)? Há uma coisa que os cristãos devem ter em mente — o fato de que o mundo nada sabe sobre o Espírito Santo. O mundo nada sabe sobre o Espírito, mas fala dos bons homens. O mundo considera um homem bom se ele doa para faculdades e hospitais. Se ele tiver uma clínica para cuidar de leprosos, serão escritos livros sobre ele e ele se tornará uma celebridade. O mundo sabe sobre bons homens, mas não tem absolutamente nenhuma afinidade com o Espírito Santo, porque mesmo os bons homens estão sob o juízo de Deus. O melhor que temos no mundo, nossas universidades, nossas sociedades humanitárias, o melhor que temos à parte do novo nascimento, à parte da presença de Deus na vida de um homem, não passa de podridão, e a ira de Deus está sobre isto. O mundo não pode receber o Espírito de Deus!

O resultado do que Deus viu entre os homens foi tristeza para o seu próprio coração — e só o amor pode sofrer. Você não pode sofrer a menos que ame. Deus amou o homem que Ele criou e a raça degenerada e corrupta que havia descendido desse homem. O amor de Deus o fez sofrer e o encheu de ansiedade.

Às vezes, a coisa mais bondosa que o médico pode fazer é pedir a amputação — caso contrário, o paciente morrerá. Deus, que amou a humanidade, olhou para o homem e viu que a corrupção moral havia se espalhado por toda a corrente sanguínea e estava em todos os tecidos e células. Ele sabia que o paciente morreria a menos que, em bondade, Ele enviasse um juízo para destruir essa corrupção. Ele salvaria os poucos para recomeçar, para que a raça não perecesse sob o peso do próprio pecado. Deus enviou um juízo sobre a Terra, e as águas a cobriram, como anteriormente cobriam o mar.

Após a passagem de um grande número de dias, a arca ainda estava flutuando com as oito pessoas a bordo, os animais, os pássaros e todas as outras criaturas. Fora da arca, a água já havia ultrapassado em muito o estágio de inundação em que as pessoas e as coisas estavam simplesmente mortas. A decomposição já começara a se instalar.

Noé abriu a arca quando pousou no monte Ararate. Veja, as janelas da arca estavam voltadas para o céu e, aparentemente, não havia aberturas que permitissem que Noé olhasse para baixo. Noé decidiu descobrir pelo pássaro se havia solo seco abaixo. Ele queria saber se as águas do juízo haviam diminuído. Ele abriu uma janela e empurrou o corvo para fora.

Aqui temos uma visão que provavelmente é difícil de visualizar ou entender. Vemos um pássaro escuro navegando em meio à desolação. Agora, o que era aquela desolação? Até onde ela ia? Qual era sua extensão? Ela ia até onde ia o juízo de Deus. O irado desagrado de Deus estava sobre o mundo. As águas do juízo, o sedimento em ebulição, os cadáveres flutuando, todas as coisas mortas e muitos destroços e lixo sobre as águas são as marcas do juízo de Deus sobre o mundo. O pássaro negro navegou pela desolação, e seu coração sombrio se sentiu em casa ali, pois ele era um comedor de carniça e se sentia em casa entre ela. Enquanto o corvo rumava para longe da arca, iluminada e quente, e da presença de Noé, ele grasnou de alegria.

Agora, a evidência da morte e do juízo deveria ter sido uma visão repulsiva e horrível, mas o corvo foi criado para isso. Algo em seu coração sombrio amava aquilo, porque ele vivia daquilo. Ele imediatamente desceu e pousou ali perto sobre um provável cadáver. Ele começou a rasgar pedaços de carne meio podre com as fortes garras e com o bico. Ele partiu e comeu até ficar estufado e sonolento de tanto se fartar. Então, cravando as garras na coisa flutuante, feliz e descansado, ele foi dormir grasnando uma palavra de boa-noite. A felicidade que ele havia encontrado era o que seu coração queria. Deterioração e desolação, lodo e sujeira, carne podre e coisas mortas — tudo combinava com sua disposição e temperamento. Ele se alimentava dos mortos que estavam flutuando.

Meus amigos, esta é uma ilustração brilhante de como as coisas se encontram no mundo de hoje. Quando o homem pecou, e Deus o abandonou e ele abandonou Deus, saiu do lugar que havia sido o Éden e começou a se espalhar, embora tivesse o juízo de Deus sobre si. "No dia em que dela comeres, certamente morrerás" (Gênesis 2:17). "Aos homens está ordenado morrerem uma só vez, vindo, depois disto, o juízo" (Hebreus 9:27), asseverou Deus.

Deus diz que está descontente com todo homem e, a menos que nos arrependamos, todos pereceremos. Todas as nações do mundo se transformarão no inferno. Deus está descontente com as nações do mundo. Ele está descontente com o Oriente e com o Ocidente. Ele enviará o juízo aos países socialistas, e também enviará seu juízo às chamadas nações livres do mundo. O grande juízo de Deus está sobre a humanidade, sobre todos os que compõem a humanidade — vermelhos, amarelos, pretos, brancos, cultos e incultos, refinados e sem refinamento, homens das cavernas e homens instruídos em todo o mundo. No entanto, isso não parece incomodar as pessoas, porque o homem tem dentro de si aquilo que chamamos de pecado. Isso não o incomoda em nada, porque ele se sente exatamente como o corvo se sentia — em casa em meio à desolação. Seu coração sombrio tinha afinidade com o juízo e com a desolação. O homem também se sente em casa em um mundo que está sob o juízo de Deus.

Houve apenas um homem bom que já veio ao mundo. Ele conseguiu permanecer vivo por apenas 33 anos — então eles o pegaram e o pregaram na cruz. Quanto melhor um homem é, mais ele é desprezado por aqueles que amam a desolação, a escuridão e o pecado do mundo. Assim como o corvo não voltou para a arca, mas viveu lá na desolação, assim os homens construíram sua civilização sobre a morte flutuante. Gostaríamos de pensar de outra forma. Temos orgulho da nossa cultura. Temos orgulho de nossas pontes, estradas, progresso espacial, educação e todas as coisas que podemos fazer. Deus olha para o coração e diz: "A Terra está cheia da violência dos homens" (Gênesis 6:13). Hoje ela está cheia de violência e repleta de corrupção.

Acho que a coisa mais terrível que o sensível coração cristão pode ouvir é o bater das asas de Deus. Ele quer descer, Ele quer entrar no nosso Parlamento, Congresso e Senado. Ele quer entrar nas Nações Unidas. Ele quer entrar nos times que jogam beisebol e hóquei. Deus quer entrar, mas não pode, porque o juízo — sua ira — está sobre os homens. Sua fúria está sobre um mundo corrupto, violento e imoral. O Espírito Santo está inquieto e não pode descer. Ele quer descer, porque ama a humanidade. Ele ama o pecador mais terrível do mundo, e pode ser você ou eu. O pecado é tanto do coração quanto do corpo e da conduta.

Suponho que não falaria sobre tudo isso se tudo o que eu tivesse a dizer fosse que o mundo não pode receber o Espírito Santo. O que mais me preocupa é que Ele não pode nem pousar sobre os cristãos. Agora, todo cristão tem uma medida do Espírito Santo. Vamos esclarecer isso. Se alguém não tem o Espírito Santo, esse tal não é dele. Quando Ele convence uma pessoa e a regenera, há um depósito seu na vida dessa pessoa.

Estou tentando lhe transmitir uma verdade. O Espírito Santo reside, em certa medida, no coração de todos os que se convertem. Caso contrário, não haveria conversão. O Espírito Santo não fica do lado de fora de um homem e o regenera; Ele entra para regenerá-lo. Isso é uma coisa, e estamos contentes e gratos por isso, mas outra coisa é o Espírito Santo descer com as asas abertas, desinibido, livre e satisfeito em encher vidas, encher igrejas e encher denominações. Isso é outra coisa completamente diferente.

É bom, correto e real que alguma medida do Espírito esteja no peito de todo homem convertido. Também é verdade que o Espírito Santo quer descer, como a pomba quis descer na terra seca e não encontrou onde pousar o pé. Em nossos dias, o Espírito busca também um lugar de descanso para seus pés, e chamamos essas visitações de "avivamentos" — estamos perdendo as forças por falta da vinda do Espírito.

Eu tenho que dizer a verdade, e a verdade não é muito bem recebida, nem mesmo pelos santos. A simples verdade é que, a menos que tenhamos a descida do Espírito sobre o evangelicalismo, o fundamentalismo, as igrejas evangélicas, a menos que a pomba de Deus possa descer com suas asas abertas e se fazer conhecida e sentida entre nós, o fundamentalismo se tornará liberalismo nos próximos anos. E o liberalismo se tornará unitarismo.

Este mundo não é amigo da graça, a fim de nos conduzir a Deus. Estamos indo em outra direção. Você já pensou sobre isso ou simplesmente está se deixando levar pelo entretenimento? Já pensou em tudo isso? Você e eu temos que enfrentar o julgamento um dia desses. Você e eu estaremos diante do Homem cujos olhos são como fogo, de cuja boca sai uma espada afiada de dois gumes, e teremos que falar com Ele sobre as ações praticadas no corpo; enfrentaremos o que Wesley chamou de "O Grande Julgamento", e ali seremos julgados pelos atos praticados no corpo. Este não é o julgamento do Grande Trono Branco, que é para os pecadores, mas outro julgamento, que é para os cristãos. Teremos que mostrar a Ele que levamos tudo isso a sério, que não estávamos procurando entretenimento, mas santidade.

O Espírito busca um lugar onde pousar o pé. Ele o está buscando, e ouço o bater de asas santas e o som do lamento daquele que está sendo entristecido e apagado. Eu o vejo procurando sinais de arrependimento, sinais de tristeza no coração e a suspensão do juízo de Deus sobre a igreja. Quando Deus julgar o mundo, haverá terror e fogo, mas Deus quer julgar a igreja.

Ele quer julgar a você e a mim — seus filhos. Ele quer iniciar na casa do Senhor e quer começar a nos julgar, e a ausência do pleno poder do Espírito Santo é uma condenação perpétua.

Quais são as marcas do desagrado de Deus sobre seu povo? Bem, deixe-me citar algumas para você. Há pecados de ato e hábito, de egoísmo, como deleitar-se com a riqueza enquanto o mundo passa fome, viver como reis enquanto milhões perecem — e pecados do coração, como a luxúria.

Sabe, você pode ser um cristão, ou pelo menos pertencer a uma boa igreja, e ainda ter a lascívia no coração. Você pode pertencer a uma boa igreja e ainda ter rancor no coração. Você pode ir diante do pastor, dos presbíteros ou dos diáconos, ou de quem quer que admita as pessoas na igreja, mas eles não podem olhar no seu coração para descobrir se você tem lascívia lá dentro. Todos nós cultivamos o sorriso religioso e conseguimos parecer piedosos quando a ocasião o pede. Quando solicitamos ser recebidos como membros da igreja, sorrimos piedosamente, e eles dizem: "Ele é um bom jovem" — mas no seu coração há lascívia.

Deus odeia isso, e a pomba não irá descer!

Não podemos olhar dentro do coração de uma mulher e ver que ela é rancorosa porque a mulher do outro lado da rua tem um carro maior ou um casaco de pele mais caro. Existem igrejas nas quais diáconos e presbíteros se sentam no mesmo conselho por anos com ressentimento não confessado nos corações.

O ressentimento no coração de um homem é tão ruim quanto o adultério. Ressentimento ou rancor no coração de uma mulher é tão ruim quanto o mundanismo.

O homem mundano faz a única coisa que sabe, e me pergunto se ele é pior do que as chamadas pessoas piedosas que têm ódio, ressentimento ou ciúme no coração.

Conheci pessoas que viveram ano após ano com ressentimento. Vocês sabem, amigos, eu simplesmente não guardo raiva de ninguém. Eu absolutamente me recuso a fazer isso. Descendo de uma estirpe inglesa impetuosa e nervosa. Meu pai tinha um temperamento como o gatilho de uma bomba atômica, e podia explodir. Eu o vi pegar uma pá e bater em um carrinho de mão com raiva — simplesmente bater em um carrinho de mão. Mas não ficarei azedo com ninguém. Recuso-me a ter ressentimento e má vontade e um espírito não perdoador corroendo meus órgãos vitais. Perdoe a outra pessoa, e você se sentirá melhor por dentro! No entanto, abrigamos ódio, ciúme, inveja e orgulho — orgulho de uma pessoa, de um credo, de uma posse, de etnia e de uma realização. Também temos frieza de coração para com Deus. Cantamos sobre Ele e oramos, mas falta calor. Adoramos de forma fria e rígida. Deus deve ter olhado para a igreja enfraquecida, lá em Israel, quando o homem de Deus advertiu os judeus e disse: "Ai dos que andam à vontade em Sião, que dormem em camas de marfim e inventam, como Davi, instrumentos músicos, mas não se entristecem com o julgamento de Israel" (Amós 6:1-7, paráfrase). Somos fundamentalistas, claro que somos! Carregamos nossas Bíblias Scofield, com certeza! Somos evangélicos, mas a igreja está definhando e não nos importamos — pelo menos não nos importamos muito!

Além disso, há o pobre mundo doente, lá fora. Eu, de minha parte, não quero ser feliz enquanto o mundo perece. Ninguém ama o mundo o bastante. O Homem que amou o mundo o suficiente para perecer por ele, morreu por ele, e Paulo, o homem que amou Israel o suficiente para querer perecer pela nação, gritou que queria ser amaldiçoado por causa dela. Parece que não temos muito disso hoje em dia. Muito do nosso cristianismo é social em vez de espiritual. Devemos ser um corpo espiritual com conotações sociais, mas a maioria das igrejas é corpo social com conotação espiritual. O coração da igreja deve ser sempre Cristo e o Espírito Santo. O coração da igreja sempre deve ser o céu, Deus e a justiça.

"Os que amavam o Senhor falavam uns com os outros" (Malaquias 3:16, paráfrase), e falavam sobre coisas espirituais.

Eu conheci homens que não falariam com você sobre nada além de Deus. Havia um canadense chamado Robert Jaffray, cuja família publicava o *Globe and Mail* de Toronto. Ele se tornou um cristão, afastou-se da família sob protesto dela e foi para o campo missionário. Aquele homem de Deus, aquele homem bom e piedoso, passou anos procurando os perdidos e ganhando-os para Cristo. Ele estava sempre lendo mapas e indo aonde nenhum homem em sua condição jamais deveria ter ido. Ele estava acima do peso, tinha diabetes e lhe era difícil comer direito. No entanto, ele prosseguiu resolutamente, e vivia de qualquer coisa que conseguisse encontrar para comer. Ele viveu entre os povos pobres e miseráveis do mundo, sempre dizendo a Deus: "Deixe meu povo ir!".

Jaffray chegou ao ponto em que não se podia falar com ele e apenas discutir frivolidades. Não se conseguia fazer isso — ele olhava para baixo, respondia, e então começava a falar sobre Deus e as missões. Eu conheci santos assim — pessoas tão interessadas nas coisas de Deus que nada mais importava. Meu irmão e minha irmã, o Espírito Santo ama pessoas assim. Ele ama esse tipo de espírito e será rápido em vir, encher a pessoa, assumir o controle e o comando. Deus está procurando um povo que queira estar certo com Ele. Ele procura um lugarzinho no qual as águas de seu desagrado sequem, onde não haja mais juízo, nem morte, onde o lodo e a sujeira sejam removidos e onde o bendito Espírito Santo possa descer em poder. Ele quer fazer isso começando conosco, e para todos nós!

A POMBA DE GÊNESIS RETRATA O ESPÍRITO SANTO | 215

Deixe-me compartilhar uma história verdadeira com você. Certa vez, viajava de trem , e então um homem conhecido subiu e se assentou ao meu lado. Ele era um missionário e parecia muito emotivo e preocupado. Ele disse:

Gostaria de lhe perguntar uma coisa, Sr. Tozer. Estou preocupado, e este é o meu problema. Alguns anos atrás, uma coisa estranha aconteceu em nosso complexo missionário na Índia. Recebíamos bênçãos e tudo estava indo bem. Os missionários se reuniram para uma conferência e os cristãos nativos também estavam lá. Sentamo-nos juntos, e um missionário presbiteriano foi convidado a pregar para nós. Ele pregou e se sentou.

Sr. Tozer, nunca poderei descrever o que aconteceu, e não sei por que aconteceu, mas de repente caiu sobre aquela assembleia algo como que uma onda de amor e luz que fez com que começássemos a chorar.

Um missionário correu para outro e disse: "Perdoe-me, perdoe-me", e outro correu para outro, e eles choraram e se abraçaram. Como resultado dessa experiência, minha casa se transformou completamente. Minha esposa e eu nos dávamos perfeitamente bem, tínhamos um lar cristão normal, mas, oh, que diferença desde então! Nosso lar é o paraíso agora.

Mas é isso que me incomoda. Desde aquela época sou tão emotivo e choro com tanta facilidade que me incomoda. Quando me levanto para pregar, provavelmente vou desabar e chorar. Eu nunca fui assim antes, mas desde a chegada daquele dia, a repentina e maravilhosa visitação à Índia, eu simplesmente choro com tanta facilidade.

Voltando para casa, no navio, tive essa experiência. Eles me pediram para oficializar o culto numa manhã na capela do navio. Disseram-me que alguns comunistas estariam presentes. Peguei meu texto e lá veio de novo a lembrança de toda a glória que caiu sobre mim, e comecei a chorar e não consegui terminar o sermão.

Eu disse: "O que os comunistas pensaram disso? Eles zombaram de você?".

Ele disse:

Ah, não. Eles foram muito reverentes sobre isso. Não estou dizendo nada de bom sobre um comunista — não posso —, mas pelo menos neste caso o Espírito Santo fechou a boca deles.

Então eu disse ao meu amigo: "Você me pediu conselhos sobre como superar seu coração emotivo. Irmão, não tente! Hoje temos muitos pregadores áridos no mundo. Temos tantos pregadores áridos e tantos homens que nunca derramaram uma lágrima! Se você puder manter as lágrimas de Deus em você e manter seu coração terno, irmão, mantenha-os! Você tem um tesouro do qual nunca deve desistir".

Você sabe como ele ficou daquele jeito? A descida, o pouso do Espírito — e eles se acertaram um com o outro. Foram purificados — tiraram os problemas de seu coração e puseram de lado seus pecados. Até os missionários puseram de lado seus pecados, e quando não havia mais evidências do desagrado do Deus todo-poderoso, o Espírito Santo desceu.

O que aprendi sobre o Espírito Santo neste livro

Sua opinião é importante para nós.
Por gentileza, envie-nos seus comentários pelo e-mail:

editorial@hagnos.com.br

Visite nosso site:

www.hagnos.com.br